JN131568

# 幼児体育
# 指導ガイド 3

編著
日本幼児体育学会
**前橋 明**
（早稲田大学 教授/医学博士）

著者
池谷 仁志
藤田 倫子
松原 敬子
宮本 雄司　ほか

大学教育出版

# は じ め に

日本幼児体育学会会長　前橋　明

（早稲田大学　教授・医学博士）

　近年、子どもたちの余暇時間の中に、テレビやビデオ、スマートフォン、ゲーム機器を利用した静的なあそびが多くなってきました。そうなりますと、子どもたちの心臓や肺臓、全身が強化されずに、ますます体力低下を引き起こしていきます（静的あそび世代と、私は呼んでいます）。

　また、スクリーン（平面画面）や一点を凝視するあそびが多いため、活動環境の奥行や位置関係・方向性、距離感、スピード感を認知する力が未熟であり、空間認知能力や安全能力が思うように育っていかなくなります（スクリーン世代）。実際、人とぶつかることも多くなります。ぶつかって、転びそうになっても、日ごろから運動不足で、あごが引けず、保護動作がでずに顔面から転んでしまうのです。

　一方で、「運動をさせている」と言っても、幼いうちから一つのスポーツスキル練習に特化して、多様な動きを経験させて

いないことが多く、基本運動スキルがバランスよく身についていない子どもたち（運動の偏り世代）の存在も懸念されます。このように、余暇時間におけるテレビやビデオ、スマートフォン、ゲーム機器などのメディア接触が過剰になっていきますと、心肺機能や体力が高まらず、発達の過程にある子どもたちの成長を脅かすことにもなっていきます。

そこで、この運動不足状況を予防・改善するために、運動の生活化を図ることがとても重要になってきます。子どもたち自らが、日常生活の中で、自発的、自主的に、走ったり、跳んだり、投げたり、登ったり、渡ったり、滑ったりして、誰もが空間の中で、からだを動かして楽しく遊んでもらいたいと願っています。そのためにも、幼児体育の指導は、極めて重要で、責任があります。運動を通して、乳幼児期からの身体機能の向上を図るだけでなく、心身の発達、友だちとの協力・共同・譲り合い等の社会的・道徳的発達、遊び方を工夫する知的発達などを育み、あわせて、危険予知能力や安全能力をも養うのです。子どもたちが大好きな運動やあそびで遊び込むことによって、体力を高めるだけでなく、基本運動スキルを獲得して、運動能力を大きく向上させてくれます。その基本運動スキルの経験がもてるよう、指導者は、周到な指導計画をつくることが大切です。

その基本運動スキルには、4つの運動スキルがあります。一つは、走ったり、跳んだり、滑ったりして移動するタイプの運動スキル（移動系運動スキル）です。二つ目は、丸太渡りや平

均台渡りのようにバランスをとる運動スキル（平衡系運動スキル）です。三つ目は、物を操作する運動スキル（操作系運動スキル）。四つ目は、鉄棒や雲梯にぶら下がってしっかり頑張るといった、からだを移動せずに行う運動スキル（非移動系運動スキル）であり、それら移動、平衡、操作、非移動の４つのタイプの運動やあそび環境を意識した運動刺激が、今日の子どもたちの運動能力の向上には必要なのです。それらを準備した指導計画の中で、子どもたちは、バランスのとれた運動スキルを、からだを動かす中で自然に身につけて、運動能力を高めていくことを可能にしていきます。

　要は、今日の子どもたちのより良い心とからだを育てるための一つのアプローチとして、日本幼児体育学会の幼児体育指導法研究会のメンバーが、毎月集まって、幼児体育指導方法の研修会を行い、少しでも幼児体育指導現場の先生方のお役に立てればと、研鑽・研修した内容を、ここに、シリーズ本としてまとめてみましたので、本シリーズが、少しでも子ども支援や教育・保育に役立てていただければ幸いに思います。

　今回は、幼児体育指導ガイド３として、幼児体育のねらい達成のための留意事項、指導計画と留意事項、運動指導時の留意事項、地域社会での体育活動の留意事項、指導者養成講習時の留意事項、安全管理上の留意事項、公園での運動指導時の留意事項、安全環境への配慮と指導上の留意事項、そして、トピックスからなる構成で準備させていただきました。本書が、皆様のお役に立てれば幸いに存じます。

# ごあいさつ

日本幼児体育学会　理事

幼児体育指導員資格認定委員会委員長　池谷仁志

（さわだスポーツクラブ指導研究開発部長）

　「幼児体育指導ガイド3」の発刊にあたり、ご挨拶を申し上げます。

　2017年4月に立ち上がった「幼児体育指導法研究会」も、早2年半が過ぎました。月に一度、集まっていただいた先生方との「幼児体育指導」についての意見交換や情報交換の場は、とても有意義で楽しい時間になっています。また、遠方の先生方からも、様々な情報提供をいただき、新たな刺激にもなっています。

　この研究会のまとめとして、「幼児体育指導ガイド」、「幼児体育指導ガイド2」の書籍を発刊して参りました。今回、第3編として、「幼児体育指導ガイド3」の完成にこぎつけることができました。原稿をお寄せいただきました先生方、誠にありがとうございました。心より御礼を申し上げます。

　この「幼児体育指導ガイド3」では、指導計画の作成の仕方、指導実践の場での留意すべきこと、安全への配慮について、様々な幼児体育の指導場面における留意点の章から、「こんな

とき、どうする？」といった問いかけやコラム等、これまでの
ガイドには、掲載されなかった内容もございます。

　幼児教育、幼児体育に関わられる多くの皆様にお読みいただ
き、幼児期の子どもたちが、安全に楽しく、そして、たくさん
の経験を積みながら成長していきますように、ごいっしょに応
援していけましたら、嬉しく思います。

# 幼児体育指導ガイド3

## 目　次

## 総　論

### 幼児体育のねらい達成のための留意事項

## 本論　幼児体育指導の計画と留意事項

### 第1章　指導計画と実践・評価

## 第2章　運動指導時の留意事項

## 第3章　地域社会での体育活動の留意事項

総　　論

# 幼児体育のねらい達成のための留意事項

## 1. 幼児体育のねらいと、5つの側面（身体的・社会的・知的・精神的・情緒的）のバランスよい発達

前橋[1]によると、「幼児体育」は、各種の身体運動（運動あそび、運動ゲーム、体操、スポーツごっこ、リトミック、ダンス等）を通して、教育的角度から指導を展開し、身体的発達、社会的発達、知的発達、精神的発達、情緒的発達をバランスよく育めるように、つまり、運動を通して、心身ともに健全な幼児に育てていこうとする「動きを通した人間形成」であると言われています。

人間形成というと、幼児に対し、各種のあそびや活動、指導を通して、全面的発達（身体的・社会的・知的・精神的・情緒的発達）をめざす教育全体の中で位置づけることになります。つまり、身体的（physical）、社会的（social）、知的（intellectual）、精神的（spiritual）、情緒的（emotional）に、

より良い状態に育んでいきたいということになります。しかも、それら5つの側面が、個々別個に育むのではなく、バランスよく育むことが大切になります。

　また、幼児の生活習慣とそのリズムを大切にした上での幼児体育指導の大切さを考えることを忘れないようにすると、「子どもの成長・発達状況の診断・評価（前橋，2015）[2)]」を参考に、幼児体育でねらうことを考えて、あわせて、それらのねらい達成のための留意事項を検討する必要があります。

　身体的・社会的・知的・精神的・情緒的成長を考えますと、まず、自分の身を守ることのできる体力があるか、人を大切にし、仲良くできるか、あそびを工夫できるか、最後までがんばる強さがあるか、がまんすることができるか等の発達のバランスです。

　つまり、私が、幼児期に大切にしたいことは、以下の5つの側面のバランスのとれた発達を、幼児体育でもねらっていきたいということです。

　①転んだときに、あごを引き、手をついて、身をかばうことができる（身体的・安全能力）。

　②友だちといっしょに関わって、なかよく遊ぶことができる（社会的）。

　③あそび方を工夫して、楽しく遊ぶことができる（知的）。

　④遊んだ後の片づけは、最後までできる（精神的）。

　⑤人とぶつかっても、情緒のコントロールができる（情緒的）。

## 2. 生活と幼児体育とのかかわり

　子どもたちの生活をみますと、1日の始まりには、からだの体温を上げ、心身のウォーミングアップをさせてから、子どもを園に送り出したいものです。早寝・早起きでリズムをつくって、起床とともに体温をだんだん上げていくことが大切です。朝ごはんを食べて体温を上げて、徒歩通園をしたり、早めに園に行ってからだを動かしたりして体温を上げていきます。ウォーミングアップができた状態（36.5℃）であれば、子どもたちは、スムーズに保育活動や集団あそびに入っていけます。

　早寝、早起き、朝ごはん、そして、朝、うんちを出してすっきりさせてから、子どもを送り出します。これが子どもの健康とからだづくりの上で、親御さんに心がけていただきたいポイントです。

　また、就寝時刻を早めるためには、「子どもたちの生活の中に、太陽の下での戸外運動を積極的に取り入れること」、とくに、体育指導で幼児のからだをしっかり動かすこと、朝と午後の戸外あそび時間を増やして運動量を増加させ、心地よい疲れを誘発させることが極めて有効です。そのほか、調理時間の短縮や買い物の効率化などを工夫し、夕食の遅れを少しでも早めること、そして、テレビ・ビデオ視聴時間を努めて短くして、だらだらと遅くまでテレビやビデオを見せないことも大切です。ただし、メディアの健康的な利用方法の工夫に力を入れる

だけでは、根本的な解決にはなりません。つまり、幼少年期より、テレビやビデオ、ゲーム等のおもしろさに負けない「人と関わる運動あそびやスポーツごっこの楽しさ」を、子どもたちにしっかり味わわせていかねばなりません。

　子どもたちが抱える健康管理上の問題解決のカギは、①毎日の食事と、②運動量、③交流体験にあると考えますので、まずは、朝食を食べさせて、人と関わる日中のあそびや幼児体育での運動体験をしっかりもたせたいのです。その運動体験が、子どもたちの心の中に残る感動体験となるように、指導上の工夫と努力が求められます。

　心とからだの健康のためには、幼児期から小学校低学年までは午後9時までに、高学年でも午後9時30分までには寝かせてあげたいものです。とにかく、就寝時刻が遅いと、いろいろなネガティブな影響が出て、心配です。集中力のなさ、イライラ感の増大とキレやすさの誘発、深夜徘徊、生きる力の基盤である自律神経の機能の低下、意欲のなさ、生活習慣病の早期誘発などを生じます。

　要するに、生活は、1日のサイクルでつながっていますので、生活習慣（生活時間）の1つが悪くなると、他の生活時間もどんどん崩れていきます。逆に、生活習慣（生活時間）の1つが改善できると、次第に他のことも良くなっていきます。したがって、日中、太陽の出ている時間帯に、しっかりからだを動かして遊んだり、運動をしたりすると、お腹がすき、夕飯が早くほしいし、心地よく疲れて早めの就寝へと向かいます。早

く寝ると、翌朝、早く起きることが可能となり、続いて、朝食の開始や登園時刻も早くなります。朝ごはんをしっかり食べる時間があると、エネルギーを得て、体温を高めたウォーミングアップした状態で、日中の活動や運動が開始できるようになり、その結果、体力も自然と高まる良い循環となります。

　生活を整え、幼児体育で体力を向上させようと思うと、朝の光刺激と、何よりも日中の運動あそびの導入は極めて有効です。あきらめないで、問題改善の目標を一つに絞り、一つずつ改善に向けて取り組んでいきましょう。必ず良くなっていきます。「一点突破、全面改善」を合言葉に、がんばっていくことが求められます。

## 3. 幼児体育のねらい達成に寄与する生活全般の留意事項の検討

### （1）睡眠・休養

　生活の基本となる睡眠は、睡眠時間の長さだけでなく、寝る時刻や起きる時刻も重要です。朝、起きたときに、前日の疲れを残さずに、すっきり起きることができているかがポイントです。

　・夜9時までには、寝るようにする。

　・毎日、夜は10時間以上、寝る。

　・朝は、7時までには起きる。

　・朝、起きたときに、太陽の光をあびる。

・朝、起きたときの様子は、元気である。

## （2） 栄養・食事

　食事は、健康で丈夫なからだづくりに欠かせないものであり、家族や友だちとの団らんは、心の栄養補給にもなります。毎日、おいしく食べられるように、心がけていますか。

・朝ご飯は、毎日、食べている。

・ごはんを、楽しく食べている。

・朝、うんちをする。

・おやつを食べてから夕ごはんまでの間は、2時間ほど、あいている。

・夜食は、食べないようにしている。

## （3） 活 　動

　睡眠、食事以外の生活の中での主な活動をピックアップしました。お手伝いやテレビ視聴の時間といった小さなことでも、習慣として積み重ねていくことで、その影響は無視できないものになります。

・歩いて通園（通学）ができる。

・外に出て、汗をかいて遊ぶことができる。

・からだを動かすお手伝いができる。

・テレビを見たり、ゲームをしたりする時間は、合わせて1時間までにする。

・夜は、お風呂に入って、ゆったりする。

## （4）　運動の基本

　現状のお子さんの外あそびの量や、運動能力について把握できているでしょうか。わからない場合は、公園に行って、どのくらいのことができるのか、いっしょに遊んでチェックをしてみましょう。

- ・午前中に、外あそびをする。
- ・15 〜 17 時くらいの時間帯に、外でしっかり遊ぶ。
- ・走ったり、跳んだり（移動系の運動）、ボールを投げたり（操作系の運動）を、バランスよくする。
- ・鉄棒やうんていにぶら下がったり（非移動系の運動）、台の上でバランスをとったり（平衡系の運動）する。
- ・園庭や公園の固定遊具で楽しく遊ぶ。

## （5）　発達バランス

（身体的・社会的・知的・精神的・情緒的発達）

　自分の身を守れる体力があるか、人と仲良くできるか、あそび方を工夫できるか、最後までがんばる強さがあるか、がまんすることができるか等、あそびの中で育まれる様々な力についてチェックしてみましょう。

- ・転んだときには、あごを引き、手をついて、身をかばう。
- ・友だちといっしょに関わって、なかよく遊ぶ。
- ・あそび方を工夫して、楽しく遊ぶ。
- ・遊んだ後の片づけは、最後までする。
- ・人とぶつかっても、情緒のコントロールをする。

（6）　親からの働きかけ・応援

・親子で運動して、汗をかく機会をつくる。

・戸外（家のまわりや公園など）で遊ぶ機会を大切にする。

・車で移動するよりは、子どもと歩いて移動することを心がける。

・音楽に合わせての踊りや体操、手あそびにつき合う。

・1日に30分以上は、運動させる。

## 4.　幼児・児童・生徒期へと進む中で、年齢に応じた運動のポイント

　前橋[3]が示すように、幼児体育では「技能的側面からの指導ではなく、発達段階を十分に考慮した人間形成をめざす指導を重視したい」「技術の向上より、動きのレパートリーの拡大に目を向けたい」「楽しんで活動できる雰囲気の中で、様々な運動体験をさせたい」「無理強いをしないで、子どもの興味や関心に合わせて多様な運動の場を自然な形で用意していきたい」「技術ばかりに走らず、仲よく、助け合い、協力し合う思いやりの心を育てること、規律を守ることを重視していきたい」「運動の楽しさや器用さづくりをねらいたい」という意識を、大事にしたいと考えます。

　運動は、体力づくりだけでなく、基礎代謝の向上や体温調節、あるいは脳・神経系の働き等、子どもたちが健康を保ち、成長していく上で、重要な役割を担っており、幼児、小学生、

中学生へと進む中で、発育発達上、それぞれの年代の特徴に適した運動刺激のポイントがありますので、年代別に留意すべき事項を説明しておきます。

　幼児期は、脳や神経系の発育が旺盛ですから、そういうところに刺激を与えるような運動をさせてあげることが大切です。例えば、バランス感覚を養うためには平均台や丸太を渡ったり、片足立ちが効果的ですし、敏捷性をつけるには、すばやい動きで逃げたり、追いかけたりする追いかけっこや鬼ごっこ等のあそびが効果的です。それから、巧緻性（器用さ）や空間認知能力をつけるには、転がしドッジボールで身をよけたり、ジャングルジムやトンネル等を上手にくぐり抜けるあそびが良いでしょう。また、子どものからだをしっかり持ち上げられる幼児期に、わが子としっかり関わって親子体操をするのが一番理にかなっています。

　そして、子どもが幼児期の後半に入って体力がついてくると、午前中に遊んだ分の疲れは、昼に給食を食べたら、回復します。ですから、午後に、もう１回、あそびをしっかりさせて、夜に心地よく疲れて、早めに眠れるようなからだにすることが必要です。このように、夜の睡眠確保につなぐような日中の運動が重要になる年代です。

　小学校の低学年になると、身のこなしが上手になってくるので、ドッジボールはとても良い運動です。運動する機会をしっかりもたせて、からだづくりや体力づくりに励んでほしい年代です。高学年になったら、だんだん技に磨きがかかる年代です

から、ボールをうまくコントロールして投げたり、取ったりして、ゲーム的な運動ができるようになります。

　中学生になると、内臓を含めて、からだがしっかりできてくるので、持久的な活動ができるようになります。ですから、日中、少し長い時間、運動することで、より強い筋力をつけ、体力を向上させていける時期と言えます。

　あわせて、すべての年齢レベルで、それぞれの能力や体力に応じて、家の手伝い（荷物を持ったり、野菜を運んだり、配膳を手伝ったり等）をして、生活の中でもからだを動かす内容を努めて取り入れていくとよいでしょう。お手伝いは、結構、からだによい運動刺激になります。

## 5.　体力を向上させるための留意事項

　1日の流れの中で、親ができることは、子どもが帰ってきて、寝て、起きて家を出るまでの「早寝早起きの習慣づくり」です。でも、ただ、子どもに「寝なさい、寝なさい」と言っても、なかなか寝てくれません。それは、寝られるからだをつくっていないからです。夜、早く寝られるからだをつくるには、日中、太陽の出ている時間帯にしっかりからだと心を動かして心地よく疲れさせることが必要です。

　「疲れた！」というぐらいの運動をすると、筋肉に負荷が加わって、より強い筋力が発揮できて、体力がついてきます。これをトレーニング効果と言います。でも、軽過ぎる運動では疲

れません。リフレッシュになった、気分転換になったという程
度ではなく、疲労感が得られるぐらいの運動刺激によって、体
力はついていきます。でも、その疲れは、一晩の睡眠で回復す
ることが条件です。それには、睡眠明けの朝の子どもの様子を
確認することが大切です。

　生活習慣を整えて体力をつけ、運動スキルを向上させること
によって、運動能力が高まり、スポーツをより楽しく行うこと
を可能にし、自己実現の機会が増えていくのです。

## 幼児と保護者のふれあい体育活動の年間のねらいと留意事項の例
### （早稲田大学・所沢市連携事業）

**4月　親子や友だちとのふれあい**
　新しい環境に順応するために、また、人とのかかわりを楽しいと思えるような運動あそびを提供します。

**5月　運動量を増やしていくこと**
　新しい環境に慣れ、日々の生活習慣づくりのために、親子ともに、運動量が多い運動あそびを導入していきます。

**6月　自律神経機能の向上**
　季節の変わり目となる月なので、汗をしっかりかく運動あそびを取り入れて、自律神経の働きを活性化させます。

**7月・8月　集中力の育成**
　暑い中でも、集中して運動できる心とからだを育む運動あそびを展開するように心がけます。

**9月　新しいことへの挑戦**
　これまでの運動あそびの内容を加味しながら、挑戦できる運動あそびを積極的に導入し、増やしていきます。

**10月　競争**
　運動あそびに加えて、競争的な要素を少し取り入れた運動あそびやレクリエーションゲームを導入します。

**11月　自律神経機能のさらなる向上**
　季節の変わり目となる月、冬場に向けての体力づくりを意図して、少しずつ運動量を上げることで、体温が上昇することを感じられる経験をもたせます。

**12月　運動量をしっかり増やすこと**
　寒い季節でも、すぐにからだが暖まる鬼ごっこ的な運動あそびを経験させます。

**1月　親子で工夫**
　親子で工夫する運動あそびを導入し、考えること、創造する力を育成するよう、配慮します。

**2月　成長を感じる機会の増加**
　お互いの体重を貸し借りしてできる体操を積極的に行う中で、親が子どもの成長を感じ、喜んでもらえる機会をつくります。

**3月　次年度に向けての意欲づくり**
　1年間で培った親子関係や体力・運動能力の向上について確認できる運動あそびを導入し、成長を感じるとともに、次年度に向けての意欲づくりにつながるよう、お互いの運動の様子を見る機会をもたせるよう配慮します。

## 6．幼児体育指導上の留意事項

１コマの指導を見学しての前橋ノート（12月：午前の指導）

9：35 〜 10：05　年中児 30 名【5 歳】
指導者１名、補助２名（クラス担任と生活衛生補助員）
天候：晴れ、気温：14℃

朝、12月の寒さのある戸外での体育指導。集合場所が、木陰
の寒い区域。
指導場所は東と南に木々があり、影ができている区画での指
導のため、寒い。

準備運動　少しでも陽光が浴びれるように配慮が必要。

指導者は、日向で指導しているが、子どもたちは、影の中。

2人の指導者は、ジャケットを着たまま見学している。追いかけっこの時に、子どもたちの中に入り、衝突防止に努める援助が必要である。補助をお願いする依頼・打ち合わせがない感がする。人的援助のなさを感じ、もったいない。園の先生方も、見るだけでは、指導力は、身につかない。また、日陰の区域内での運動で、太陽エネルギーを感じる経験を子どもたちにもたせられない。

追いかけごっこ

衝突が起こらないように、配慮が必要である。

衝突が生じて、痛さを訴える子ども

手を見せてごらんと、対応している担任教員。

指導中に、暑くなって、服を脱ぎに来る子ども
が出てくる。事前の衣服調節ができていない。

服の調整をさせて、休憩をとる。その間にマットを準備する。
子どもたちが運動を行う時は、始める前に、ダウンのベストは脱ぐ
ようにさせ、薄着で臨めるようにしてください。

女児の場合、スカートが絡まって、ケガに繋がっていくことがある
ので、子どもたちが動きやすい服装で体育活動ができるように、保
護者には事前に体育時の服装の連絡をしておきましょう。

指導者の服装も、短すぎるものや、Ｔシャツをズボンの中に入れていない場合は、肌が見えて、子どもの注意はそちらに向いてしまうので、注意が必要です。

長い待ち時間は、子どもの集中力を失います。長い列だと、後ろの方は、見本も見えないので、動きの学びが少ないです。

子どもが指導に集中しません。遊具の中を覗き込んでいます。この遊具は、この位置には必要ありません。不要です！　あるいは、鉄棒の設置地点を青い遊具から離れたところに移動させましょう。

縦列による順番待ちは、子どもたちが長時間待たされている気持ちになり、飽きてきます。また、友だちの動きを見て学ぶことができません。横列で順番を待つことにより、友だちの動きをお互いに見ることができます。

友だちが先生から褒められている様子を見ると、自分も「がんばろう」という気持ちが出てきます。そういう気持ちがもてるように、言葉かけや拍手のような行為は大切です。

環境の安全に配慮が必要です。運動のコース上に、溝ができていたり、ラバーが剥げていたりすると、子どもが足を引っかけたり、注意が向きません。コースの選択にあたり、運動の導線が安全になるように、または、集中できるように配慮しましょう。

遊具の上に足を置いたままでの指導は、遊具を大切に扱わない、マナーがない、上から目線の指導などという誤解を生じやすい行為です。指導者の癖ならば、やめた方がよいでしょう。指導者は、気をつけましょう。

　ドラム缶遊具を置いていると、子どもたちが覗き込んだり、寄りか
かったりして、集中力に欠けてしまい、大きなケガを負いかねませ
ん。安全への配慮に気をつけましょう。ドラム缶を目印として使う
のであれば、三角コーンに変えた方がよいでしょう。担任の先生に
も、注意を促していただきましょう。

逆光での指導が展開されています。子どもたちはまぶしいです。

手本を見せていますが、子どもたちが横に広がりすぎているために、それぞれの見え方が角度により違ってしまいます。子どもたちを中央によせるか、マットを子どもから離すとよいでしょう。もちろん、子どもたちを逆光に位置させない配慮が必要です。見えないと、子どもたちは、手悪さや足悪さを始め、端の子どもたちはとくに集中しなくなります。

見本を見せるが、集中していない子どもが出てきます。集中力が欠けてしまう子どもには、言葉かけが必要です。

　2列で指導を展開し、運動量を確保しようと努力していますが、2台の鉄棒の間隔が狭いので、子どもたちがお互いに見とり学習のできない状態になっています。順番を待っている子ども間の距離や間隔が近すぎるため、危険です。
　やがて、2列の子どもたちが話をし始めたり、ちょっかいの出し合いが始まったりします。左側の主（男性）の指導者は、左側に位置し、2列の子どもたちの動きが視野に入るようにする方がよいでしょう。また、2人の指導者が入るのであれば、安全のため、鉄棒の間隔を離すようにしましょう。

指導補助者も、子どもといっしょに運動するのだから、動きやすい
服装になりましょう。先生の上着の前が開いています。開けっ放し
にしないように、注意が必要です。

フードつきのウエアは、動きを止めたり、視界を妨げたりします。
子どもに見本を示す指導者の服装としては、ふさわしくありません。

運動課題を回路上に設定し、サーキットあそびで、運動量を増や
し、まとめにしています。基本運動スキルの４つ（移動・平衡・操
作・非移動系運動スキル）を取り入れたサーキットコースを設営し
てもらいたいものです。

整理運動をして終わりますが、補助の先生、手をポケットに入れていては、補助はできませんよ。

整理運動　補助の先生も、整理運動をした方がいいね。

脱いだ服や上着を忘れないようにしましょう。

**文献**

1) 日本幼児体育学会：幼児体育用語辞典，大学教育出版，p.4，2015.

2) 前橋　明：3歳からの今どき「外あそび」育児，主婦の友社，pp.6-13，2015.

3) 日本幼児体育学会：幼児体育 理論編，大学教育出版，p.20，2018.

本　　論

# 第1章　指導計画と実践・評価

## 1. 対象児の実態把握や指導環境の事前把握の留意事項

　幼児体育の指導を実践する場合には、どのような指導メニューを用いて行うのかを考える必要がありますが、その前に対象となる幼児の実態を知り、どのような環境が周囲にあるのかを把握することが、指導計画の立案上と安全管理上、大切になります。

　本章では、対象児の実態把握と指導環境の事前把握の項目、ならびに留意事項を述べていきます。

### （1）　対象児の実態把握にあたっての留意事項
### 1）　対象児の年齢についての留意事項

　対象となる幼児の年齢を把握しましょう。同じ幼児でも、1年でも違えば、からだの発育・発達にも、心の成長にも大きな違いがみられます。それぞれの年齢に応じた成長段階をしっ

かり把握した上で、指導にあたることが大切です。特に、年齢
が混在したクラスやグループ編成の場面では、言葉がけ一つを
とっても、細かな配慮が必要になります。

### ２）　対象児の誕生月（月齢）把握の留意事項

　運動場面でつまずいたり、指導者の指示が理解できにくかっ
たり等の幼児がいた場合、早生まれの場合が目につきます。経
験が少なく、未熟な部分が多いために、同じ年齢のグループ
の中では配慮が必要になります。調査票をみることもできます
が、保育園や幼稚園などの場合には、保育室に誕生月ごとの掲
示がされていることがありますので、実態把握をする際の参考
になります。

### ３）　対象児の男女差把握にあたっての留意事項

　対象になるグループの男女の人数割合にも配慮が必要です。
年齢が低い場合には、男女差はそれほど出てきませんが、４～
５歳児ぐらいになると、男女に運動の特徴や意識の違いが出て
きます。対象になるグループが男女同数程度なのか、男児、女
児のいずれかが多いのかを把握した上で指導にあたることが必
要になります。

### ４）　対象児の特徴の実態把握にあたっての留意事項

　子どもたちには、それぞれ特徴や問題があります。保護者や
保育者、教師とコミュニケーションをとりながら、子どもたち
の情報収集をする必要があります。中には、障害を抱えながら
参加する幼児もいますので、そのような実態を把握しておく必
要があります。時には、運動ゲームを用いながら、何時ごろ就

寝したのか、朝食をとってきているのか、また、排便はしてきているか等を聞き取ることもできます。プライベートな部分でもありますので、慎重に対処していきましょう。

## （2）指導環境の事前把握

### 1）施設の事前把握

　指導をする施設についての把握は、大切になります。運動を実践する際の施設（屋内、屋外、屋上など）の広さや、それぞれの配置や向きを把握しておくことは、指導計画を立てる際に重要になります。子どもたちが安全に楽しい活動を行うために、情報として把握しておきましょう。

### 2）体育用具や器具などの準備品の事前把握

　指導をするには、体育用具や器具などが必要になります。それぞれの数量や状態（破損の有無）などの情報を、資料として作成しておくとよいでしょう。

　基本的な用具や器具としては、ボール、フープ、縄のような数を多く用意しやすい用具と、器械運動の指導に必要なマットや跳び箱、鉄棒、平均台などの移動遊具があげられます。

### 3）指導や補助にあたることのできる大人の事前把握

　幼児の指導場面には、メインの指導者にプラスして、指導効率を上げるために、また、安全を確保するためにも、補助者を配置することが望まれます。幼児体育指導者、保育者、教師などから、指導実践の場に立ち会うことできる人数や、それぞれ指導にあたる人々の経験値などの情報を把握しておきましょ

う。

（池谷仁志）

## 2.　指導計画立案時の留意事項

　自発的な活動を通して目標の達成が図れるよう、まずは、幼児が「楽しそう」「してみたい」と興味や関心を示してもらえる計画が大切です。しかし、幼児の自発的な活動を重視するがあまり、好きなものだけをさせておけば良いというものになってはいけません。幼児体育指導の現場においては、このことを踏まえ、適切な指導が行われなければなりません。幼児がより良く成長していくためには、「どの時期に」「どのような活動をしたらよいか」といったことが大切になります。指導者は、その場しのぎの1回の指導にならないよう、対象者の実態に基づいて指導の計画を立案し、その中で幼児の興味や関心を引きつけ、指導者や友だちとのかかわりを大切にし、幼児の発育・発達を十分に理解した指導計画の作成が必要です。

### （1）　長期指導計画と短期指導計画

　指導計画には、どのような目標を立てて、どのような指導を展開していくのかを、1年、1ヶ月の期間で見通しをもって作成する長期の指導計画と、1週間、1日の単位で作成する短期の指導計画とがあります。

　長期指導計画、短期指導計画、どちらの指導計画を作成する

にも、対象である子どもたちの発育・発達レベル、何に興味・関心をもっているのか、指導者や友だちとどのようなかかわり方をしているのか等、一人ひとりの幼児の実態を把握・理解することから始まります。

## （2）　指導計画作成時の留意点

　指導計画の作成は、対象とする幼児の年齢、クラスの人数、男女の比率、誕生月などから幼児の実態を把握し、目標とねらいを明確にし、それらを達成するために、指導を「導入」「展開」「整理」で構成します。

　「導入」では、主活動となる「展開」へと、スムーズにつなげることができるよう、心とからだの準備をさせます。

　「展開」では、段階を追って徐々に運動強度を高め、充実した運動時間を体験させます。

　「整理」では、徐々に運動強度を下げていきながら、心とからだの状態を平常の状態に整えていくとともに、振り返りを行い、一人ひとりの幼児が、活動を通して体験した達成感や満足感、充実感など、身体面のみならず内面的な心の動きにも目を向けて活動経験をまとめて終わります。

## （3）　指導計画作成の応用とヒント

　指導計画は、目標を達成させるための指導の道しるべであり、計画案となるべきものです。指導計画の時間にしばられて、幼児の主体性が損なわれないような修正や変更を柔軟に行

うことの必要性も、心得ておきましょう。どのような物的環境
と人的環境を整え、どのような用具を準備するかは決まってい
るわけではありません。固定概念に縛られず、使用する遊具や
用具の使い方について、指導者の発想力を豊かにすることで、
使い方や活動の仕方のバリエーションを増やしながら、指導計
画を立ててみましょう。

　また、計画した内容では、指導を通して幼児が体験したこ
と、感動したことが、幼児の日常の生活の中に生かされて、広
がることが大切です。

（永井伸人）

## 3. 指導実践時の留意事項

　2017 年に、幼稚園教育要領や保育所保育指針、幼保連携型
認定こども園・保育要領の 3 つの法令の改定が行われ、保育現
場では 2018 年 4 月から導入されています。内容の変更に伴い、
子どもたちが小学校就学前の姿を想定した「幼児期の終わりま
でに育ってほしい姿（10 の姿)」が示され、具体的な姿や指導
のポイントがまとめられました。

　「幼児期の終わりまでに育ってほしい姿」とは、以下の事項
が示されています。

　1.　健康な心と体　2.　自立心　3.　協同性

　4.　道徳性・規範意識の芽生え　5.　社会生活との関わり

　6.　思考力の芽生え　7.　自然との関わり・生命尊重

8.　数量・図形、文字等への関心・感覚

9.　言葉による伝え合い　10.　豊かな感性と表現

　これらの「力」を、就学前に十分育むこと、つまり「社会情動的スキル」や「非認知能力」を幼児期にしっかりと育む豊富な体験が、小学校の各教科へとつながっていくことが、生涯の学びにとって重要だと指摘されています。

　子どもたちは、今、何に興味・関心をもち、熱心に取り組んでいることはどのようなことなのか、活発に行われているのは、どのような活動なのか等を考慮していくことが重要です。指導者は、子どもたちの実態を把握し、子どもたちがどのような経験をし、その経験から、何を学び取ってもらいたいのか等が「ねらい」となります。「ねらい」に合わせた活動の内容では、対象児の年齢や発達のレベルに合っているのか、季節やその時期に合っているのか、無理強いをせず子どもたちが興味をもって取り組むことができるのか、子どもたちに難し過ぎず、簡単過ぎないこと等が求められます。

（松原敬子）

## （1）導　入

### 1）あいさつ

　心身の準備を経ての開始として、また、参加している全員への礼儀としても、あいさつをしてから指導を始めます。あいさつをし、時間のけじめをつけ、集中力を高めていきます。「気をつけ」の良い姿勢を指導者が率先してとり、子どもたちにも

まねをさせましょう。課題に取り組む集中力を高めることができます。

### 2）出席確認・健康観察

出席している子どもたちの出席と健康状態を確認します。子どもの顔色を見て、該当時間に運動が行える状態かをチェックします。顔色が優れなかったり、元気がない、いつもと違う雰囲気である等の状態があれば、視診だけでなく、問診や触診などをして、個別に確認をしましょう。

### 3）本時の説明

該当時間の目標やねらいを子どもたちに伝え、活動への目標をもたせます。

### 4）準備運動

運動を始める前には、必ず準備運動を行いましょう。関節や筋肉を動かし、血流循環を良くし、筋温を上げ、スムーズな運動が行えるようにします。また、準備運動の内容は、該当時間の主運動に寄与できるものにしましょう。

要は、主運動でよく使うからだの部位をほぐしたり、可動域を広げたりして、安全確保のできる状態にし、主の運動につないでいきましょう。そして、準備運動は、心の準備をしていることも忘れず、子どもたちが心身ともに気持ちよく活動できるようにしていきます。

（藤田倫子）

## （2）展　開

　幼児期の教育は、「できたのか・できないのか」、「わかったのか・わからないのか」といった結果で評価するものではありません。子どもたちがどれだけ豊かな体験ができるかというプロセスが大切になります。

　そこで、運動実践においては、子どもたちがどのような経験をし、何を学びとってもらいたいのかという「ねらい」が求められるのです。以下に、展開場面における留意事項を、具体的な項目から述べていきます。

### 1）運動量

　夏の暑いときと寒いときでは、おのずと運動量の確保も違ってきます。暑い場合には、活動の合間に水分補給をさせて、熱中症にならないように、子どもたちの様子を把握しながら実施していかねばなりません。一方、寒い場合には、指導者の話や説明が長くなると、からだが冷えて、思うように動くことができなくなります。まずは、活発に動いてからだが温まるように、配慮しましょう。

　また、待ち時間を少なくして効率よく動けるように、用具の数や人員の配置を適切に行い、十分な運動量を確保していく工夫が求められます。

### 2）集中力の持続

　幼児が集中できる時間は、1種目の活動では、10分～15分くらいの目安で考え、休憩を入れながら、1回の指導では30分から長くても60分くらいが目安となります。

　課題は、単純なものから複雑なものへとステップアップできるよう進め、多様な動きを経験できるよう、組み立てていきましょう。

　子どもたちが新鮮な気持ちで臨めるよう、子どもたちに興味をもたせられるような活動内容も工夫していきましょう。

### 3）　用具・器具の使い方と安全への配慮

　指導の展開においては、固定遊具・器具や用具などの特徴を理解し、正しい使い方を習得しておきましょう。実践の場面では、安全への配慮は必須です。例えば、マットの運び方や敷き方などの扱い方を習得し、安全に展開できるよう、子どもたちにも準備や片づけを行う中で、安全への気づきを学ぶ機会としましょう。

　幼児期は、挑戦心や冒険心が大いに育くまれていきます。子どもたちの挑戦したい気持ちによって起こるリスクも踏まえなければなりません。指導者のリスクセンス（危険予知能力）を磨き、高めていくことが求められます。子どものその日の体調や心情、人間関係などによっても、小さなリスクが大きな事故を引き起こすことにもなりかねません。子どもは気分が乗って夢中になると、動きもダイナミックになります。勢いをつけて高い所から飛び降りたりすると、実際の高さよりも高い所から降りることになり、頭部の大きな子どもは、着地の際にバランスを崩し、ケガをする可能性も高くなります。

　また、幼児の自己中心性により、気持ちが先行し、まわりが見えなくなってしまいます。高さを低く設定しておく等、動き

を制する場の設定や気持ちを落ち着かせるような言葉かけ等、指導者の配慮が求められます。指導者は、子どもの状態を見極め、子ども自身の判断で回避できるのか、危険なことをした子どもには、なぜいけないのか、どうしていけないのかを明確に伝え、注意を促していきます。

### 4）自立心の育成

　自立心は短期間で養えるものではありませんが、小さな成功体験を積み重ねていくことで、失敗を乗り越えた経験が自信となり、少しずつ育っていきます。運動会で発表するダンスの曲や振り付けにも、子どもたちの好きな曲や動きを取り入れていくことで意欲にも繋がっていきます。子どもたち自らが、主体的に取り組んでいけるよう、心がけていきましょう。

### 5）道徳性・規範意識の芽生え

　子どもたちは、ルールのあるあそびやゲームを行うときに、自分の思いが通らない場合には我慢をし、ルールを守らなければ友だちといっしょに楽しく遊ぶことができないということを学んでいきます。また、子どもたちには、小学校に行く前にしっかりとルールを守ることができるように教育しなければと規制を強いることも見受けられますが、道徳性・規範意識を芽生えさせるためには、大人との信頼関係が必要不可欠です。指導者の行動自体が良い見本となるよう、気をつけてください。子どもたちの良い行いや行動を認めていくことで、自己肯定感も育まれていきます。

### 6)　協同性の育成

　子どもたちは、友だちと言葉のやりとりをすることで、イメージを共有していきます。子どもたちが考え、伝え合おうとしているときには、必要以上にアプローチをすれば、子どもたちの自発性や創造性を奪ってしまうことになります。子どもたちが自ら考えることができるよう、子どもたちの発達段階や一人ひとりの個々の性格に応じて、適切な働きかけをしていくことが必要です。

### 7)　満足感や達成感

　思いきり動いた子どもたちの表情は、満足感に溢れています。その後の活動も、集中して話を聞くことができるようになります。また、課題設定では、自分の目標を掲げて頑張っていく前向きな姿勢に、大きな達成感が得られるでしょう。4歳頃になると、縄とびあそびに夢中になる子どもが増えてきますが、目標を定めて練習を行うだけでは、縄とびの楽しさが感じられません。例えば、縄とびカードを作成し、目標を達成するごとにシールが貼れるように工夫をしていくと、積極的にチャレンジする姿が見られるようになり、子どもたちは達成感が味わえるでしょう。

### 8)　意欲を高める言葉かけ

　幼児には、「できないことはやりたくない」といった気持ちが強く影響し、運動経験の少ない子どもに対する運動指導は、できないことに挑戦し努力を続けていくというよりは、まずはできることを繰り返していくことで、少しずつでも動きの質が

向上していくことを子どもたちが感じ、意欲が育まれていくことを期待していきましょう。

　上手にからだを動かすことができた時やルールが守れた時には、その場で具体的にしっかりとほめていきましょう。新しい場面やルールでも、頑張れる力となります。さらに、小さな成功体験が、「もっと運動がしたい！」という意欲へつながり、自信になっていきます。

### 9）　運動が苦手な子ども

　消極的な子どもには、仲間と動く楽しさを味わえるように、指導者も子どもといっしょに動いて、活動に入れるようなきっかけを作っていきましょう。鉄棒やとび箱運動などは、できないことで嫌いになる子どもも少なくありません。例えば、「つばめ」の姿勢でつまずく子どもには、実際の動きとイメージが異なっている場合があります。まずは、低い位置で姿勢をつくることから始め、スモールステップの積み重ねを心がけていきましょう。子ども自身が好む活動と苦手な活動は、順序に配慮して活動にメリハリがつくように行い、特に集中させたい時は、活動の最後にもっていきましょう。

　また、見通しが立ちにくい子どもや注意がそれやすい子どもの場合には、回数や時間・距離などの目標となるものがわかると、落ち着いて取り組めるようになります。指導者が説明する際には、言葉だけではなく、絵カードや文字で提示したり、着地点を明確に示した上で、思わず超えたくなるような設定をしたり等、動きを引き出す視覚的な工夫もしていきましょう。

## 10)　特別に配慮を要する子どもへの指導について

### ①運動の楽しさを共有する

　例えば、ボールを捕るという動作は、ボールを目で追い、得た情報をもとに判断した結果、タイミングよく手を出し、捕るという協応性動作が発現します。しかしながら、身体のぎこちなさが目立つ子どももおり、そのような子どもに対しては、簡単な運動により、全身を使ったダイナミックな動きを十分に経験させることにより、身体の一つひとつの動きが学習され、ぎこちなさが徐々に減っていきます。指導者といっしょに活動することで運動の楽しさを共有することが重要です。

### ②スモールステップの意識づけ

　ボールを捕れるようになるためには、ボールに触る・転がす・転がったボールを捕るといった一つの運動を順に踏んでいくスモールステップを心がけていきます。

　今、できることを探りながら、具体的な方法を考え、根気よく関わっていきますが、一人ひとりの目的を確認しながら、小さな成功や変化を見つけ、成長をいっしょに喜んでいきましょう。人数が多いとダイナミックで楽しい雰囲気をつくることはできますが、子どもによっては、環境が複雑になり、活動の理解が難しくなりますので、子どものペースを尊重し、ゆっくりしたサポート体制を整えていきます。適正な人数や活動内容、参加時間や参加期間を十分に検討し、コミュニケーションを工夫していきましょう。保護者や保育者とも連携し、他の支援方法も組み合わせて、柔軟な対応の意識づけが求められていきま

す。

### ③友だちからのサポート体制

運動あそびにおいて失敗を重ねてしまうと、運動に対して苦手意識が生じ、運動を避けてしまうので、運動経験が不足してしまい、より運動が苦手になってしまいます。

また、友だちについていけないことで、ますます恥ずかしさが増してしまい、友だちといっしょに活動することに抵抗感をもち、社会性が損なわれてしまいます。

指導者は、周囲の子どもたちへ運動が苦手な子どもをからかったりせずに、優しく接することを伝え、サポート体制を整えていく配慮が必要です。

（松原敬子）


### （3）　整　理

#### 1）　整理運動

運動した後は、必ず整理運動を行います。使った筋肉を伸ばしたり、ほぐしたりして、疲れが残らないようにします。また、呼吸を整えることで、本時の終わりを意識させ、気持ちの切り替えをさせます。整理運動の内容は、展開で行った運動で使ったからだの部位の筋肉をほぐしたり、呼吸を整えたりする、内容を考えましょう。

#### 2）　健康観察

質問したり、顔色を見たりして、本時間内にケガがなかったかを確認します。顔色が優れなかったり、元気がなかったり、

いつもと違う雰囲気である等の状態があれば、個別に確認をしましょう。

### 3）まとめ・次時予告

該当時間に行った内容や要点の確認をします。また、次の時間の内容も伝え、目標や期待をもたせます。

### 4）あいさつ

終了を意識するために、また、参加している全員への礼儀としても、あいさつをしてクラスを終わりにしましょう。あいさつをし、時間のけじめをつけます。「気をつけ」の良い姿勢を指導者が率先してとり、子どもたちのお手本にさせましょう。

### 5）手洗い・うがいの励行

指導の終了後に、汗拭きや手洗い、うがいを促します。保健教育の一環として、次の活動に清潔で気持ちよく、望めるようにしましょう。

（藤田倫子）

**文献**

1）　日本幼児体育学会編：幼児体育［上級］理論と実践, 大学教育出版, p.93, 2013.

# 第2章　運動指導時の留意事項

## 1. 集団あそびでの安全なスペースの確保

【場面】

　5歳児の模倣あそびの場面です。子どもは、指導者を見てまねたり、自分なりのイメージで動物（アザラシ）になったりして遊んでいますが、子ども同士が密集しすぎて、動けなくて座り込んでいる子どももいます。

**【課題・問題点】**

　子どもたちが密集しすぎて、前の子どもの足が顔面にあたりそうで危険です。また、動けないで座り込んでいる子どもがいます。

**【改善点・工夫】**

・子どもたち同士の前後の距離や左右との間隔を十分にとるようにさせた上で、あそびを始める必要があります。

・指導者は、あそびを計画する際に、子どもは、「危険を察知し、回避する能力が未熟」、「一か所に集中しやすい」こと等、幼児期の心理的発達特徴や空間認知能力、運動発達のレベル等を念頭に置いて、あらかじめ危険を予測し、混雑するような危険なあそび環境をつくらないことが重要です。

（佐野裕子）

## 2．室内におけるランニング

【場面】

　保育室において、ランニングをする場面です。バラバラに走り出した子どもたちが衝突してしまいました。

【課題・問題点】

　子どもたちの走る動線が統一されておらず、急に走り始めたため、子どもたちの走る動線が交わってしまい、衝突してしまいました。

【改善点・工夫】

　比較的狭い場所で運動する時や大人数で一斉に運動をする時は、年齢が低くなればなるほど、子どもたちの動線を指導者

が配慮する必要があります。子どもたちの走る動線が定着する
までは、子どもたちを急に走らせず、歩くスピードで指導者の
後ろを追随させながら、左まわりや右まわりといった動線を経
験させ、その後、少しずつ走るようにさせると、衝突は防げる
でしょう。

（下崎将一）

## 3.  室内での鬼あそび

【場面】

　雨が続いてダイナミックな外あそびができていない時、子どもたちは落ち着きがなく、活動にも集中できていません。

【課題・問題点】

　室内の静的なあそびが続くことから、子どもたちの運動欲求が満たされず、いつもより集中して話が聞けないことや、子ども同士のトラブル、不注意によるケガ等が起こりやすくなっています。

【改善点・工夫】

　室内でもからだを目一杯動かす運動あそびを工夫して行いましょう。何も道具を必要としない鬼ごっこがお勧めです。

走って鬼ごっこをしてしまうと、子ども同士が衝突してしまうため、お尻歩きやライオン（高這い）、ダンゴムシ（横転）等の姿勢や動き方を変えて行う鬼ごっこにすると安全に行えます。はじめは、指導者が鬼の役をしてゆっくり追いかけながらルールや安全を確認し、その後、鬼を子どもに変えるような発展をしていくと良いでしょう。

（下崎将一）

## 4. 室内での運動あそびにおける環境への配慮

【場面】

　鬼あそびをしている場面です。鬼役の子どもたちから、逃げ手の子どもたちが白線まで逃げるあそびを行っていますが、逃

げる先には障害物が置かれています。

## 【課題・問題点】

　この場面では、先頭を走っている子どもは白線を越えても急に止まることができず、壁際に置いてあるホワイトボードやイス等にぶつかってケガをすることが考えられます。また、先頭の子どもだけでなく、後ろから走ってくる子どもたちも同様に減速することができず、前の子どもや障害物にぶつかってしまう可能性が考えられます。

## 【改善点・工夫】

　この場面で一番重要な点は、あそびを始める前に、室内の環境が運動をする上で安全であるかをチェックしておくことです。室内の隅にイスやホワイトボード等が寄せられていますが、このような環境で壁際までのあそびを展開することは危険です。指導をする前に、ケガに繋がるようなものはないか、目の届かないところや死角がないか等を事前にチェックして、障害物があれば片づけてから、あそびを始めましょう。また、除外できない障害物であれば、障害物がない方向に走るという動線に配慮し、安全に遊べる環境を計画しましょう。

（松尾貴司）

## 5.　鬼あそびにおける子どもの追いかけ方

【場面】

　複数の指導者が鬼になり、子どもたちを追いかける鬼あそびをしている場面です。指導者が子どもたちを追いかけている時に、子ども同士が衝突してしまいました。

【課題・問題点】

　追いかける指導者が、まわりの子どもたちの状況を把握できておらず、目の前の子どもだけを見て追いかけてしまったため、逃げる子どもたちの動線が重なってしまい、衝突してしまいました。

## 【改善点・工夫】

・年齢が低くなればなるほど、衝突の機会が増えるとともに、衝突を避ける能力は低いため、追いかける指導者は、逃げる子どもたちの状況に応じて追うスピードを調節する必要があります。とくに、逃げる子どもたちが友だちや遊具などに衝突しないような、逃げる動線を考えながら、追いかけ方を工夫していきましょう。

・鬼役を子どもにして、あそびを展開する場合は、鬼の人数を急に増やさず、子どもの衝突の危険回避能力に合わせて、人数を少しずつ増やしていくと良いでしょう。

（下崎将一）

## 6. サッカーあそびの工夫

【場面】

　サッカーあそびをしている場面です。足でボールを扱うサッカーですが、子どもたちは、すぐに手を使ってしまい、ボールを持ってしまいます。

【課題・問題点】

　ボールは、球形のためすぐに転がってしまい、足での操作経験が少ない子どもにとってはとても難しいため、子どもたちは扱いやすい手でボールを持ってしまいがちになります。

## 【改善点・工夫】

・足での操作がまだ難しく、すぐに手を使ってしまう子どもた
　ちには、ボールの空気を抜いて球形から少しくぼみをつける
　ことでボールを転がりにくくして、足での操作をしやすくす
　るとよいでしょう。

・ボールを使ったサッカーあそびだけでなく、新聞紙をレジ袋
　やごみ袋に詰めて転がらないボールを作って、サッカーあそ
　びを楽しむことができるでしょう。

（下崎将一）

# 7.「ネコとネズミ鬼」あそびにおける安全への配慮

【場面】

　2グループ（ネコとネズミグループ）が、背中合わせで横に1列に座っています。指導者から、チーム名を呼ばれたグループがもう一方のグループを追いかけます。逃げるグループは、自分の後ろのゴールラインまで逃げます。丸で囲った2つのグループは、1列になっているものの、となりの子どもや後ろの子どももともくっついて、指導者のかけ声を待っています。

【課題・問題点】

　2つのグループが背中合わせで、隣の子との間隔が十分に確

保できていない状態で座っています。このままあそびを始める
と、振り返りざまに隣の子どもとぶつかってしまう、また、背
中を合わせていることから、互いに距離がないため、間違えた
子どもと反応が遅れた子どもが衝突してケガをするといったこ
とが考えられ、非常に危険です。

【改善点・工夫】

・背中合わせで隣の間隔が十分に確保できていない状態では、
　子どもがケガをしてしまう可能性が非常に高いため、避けま
　しょう。

・「ネコとネズミ」を初めて行う場合は、隣の子との間隔を十
　分に確保し、相手グループとの距離は、判断を間違えても衝
　突を避けられる、十分な距離を確保した上で始めさせるとよ
　いでしょう。また、スタート時の姿勢においては、最初は
　立った状態で行い、あそびに慣れてきたら向かい合った状態
　や座った状態から行い、少しずつ姿勢に変化をつけてあそび
　を発展させるのがよいでしょう。

（松尾貴司）

## 8. かけっこやリレーの走る方向

【場面】

・子どもたちが、屋外のトラックを利用して、反時計回りに走りながら、かけっこやリレーをしています。

【課題・問題点】

　子どもたちに多用な動きを経験させるために、指導者は、子どもたちを常に同じ方向（反時計回り）に走らせることは望ましいことではありません。

【改善点・工夫】

・子どもが、曲線を走るときのからだの使い方は、方向によって異なりますので、子どもたちが、時計回りや反時計回りと

いったいろいろな方向に走る経験ができるように、指導者
は、活動の方向を配慮することが必要です。

・子どもたちが、曲線ばかり走行するのではなく、直線を使っ
　て片道や往復で走行距離を変化させることで、子どもたち
　は、いろいろな走り方を経験することができます。

（阿部玲子）

コラム①

こんなときどうする？　─ パラシュートの指導 ─

　運動会の集団表現演技としてパラシュートを用いた演技を行
うために、練習を始めた初期の場面です。普段、使わない用具
として、パラシュートが出てきたことで、子どもたちは気分が
高揚し、とくに4歳児では全体を見渡す感覚が未熟なため、目
の前にある布に飛びついています。どのように子どもたちを配
置し、どのような点に留意して指導したらよいでしょうか。

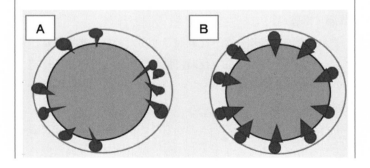

　〇は子ども、△は子どもの向きと力を表します。Aは、子どもの向きや力が偏っています。Bは、円の中心に向かって力が均等に作用しています。

【提案】

・パラシュートの円周に人数を均等に配置し、円の中心に力が均等に伝わるように考えます。

・近年、子どもの握力・腕の力が低下しています。演技として、パラシュートを使う前に握力をつける運動あそびをしっかり行っておくことが大切です。写真1は、長なわを結んで輪にして、その輪を全員でもって円を作り、そのまわりで子どもたちがなわをしっかり握ります。なわを送る、後ろに引く等の運動あそびを経験しています。この時に、指導者はすぐ手を放してしまう幼児や、握力の弱い子、強い子などを把握しておきます。集団演技で、子どもたちの気持ちを一つにまとめていけるような配慮があれば、集団演技がしっかりできます。

写真1　円形にした長なわでのあそび

（岡みゆき）

## 9. マット運動を行う際の向き

### 【場面】

マット運動の指導場面です。

### 【課題・問題点】

マットを縦向きにして、子どもたちは一列に並んで順番に運動を行っています。その際、後方に並んでいる子どもたちは飽きてしまい、おしゃべりやよそ見をし始めています。列が長すぎると、順番を間違えたり、集中が途切れて運動を失敗したりすることにもつながります。

【改善点・工夫】

・マットを横向きに使い、何人かの子どもたちが活動を一斉に
　できるように、待つ時間を短くする工夫が必要でしょう。

（池谷仁志）

## 10. 武術の足ジャンケン

【場面】

　武術の準備運動として、足ジャンケンをしています。「グー」
は、足を閉じます。「チョキ」は、武術の「弓歩」の形で、前
後に足を開きます。「パー」は、武術の「馬歩」の形で、左右
に足を開きます。

【課題・問題点】

　足ジャンケンは武術ゲームであるにもかかわらず、つまさき
で接地した場合、くるぶしに圧力が加わり、重心の不安定さが
足の捻挫を引き起こします。ウォーミングアップをせずに直接
行うと、足のケガのリスクがあるため、その解決策を考えなけ

ればなりません。

## 【改善策・工夫】

　足ジャンケンをする前に、十分な準備運動が必要です。また、武術基本歩法の「弓歩」と「馬歩」の動作要領を正しく指導しておくこと大切です。最後、足じゃんけんがうまくできたら、チーム人数を増やし、クラスの皆といっしょに足ジャンケンあそびをして、遊ぶ楽しさを味わいます。

（郭　宏志）

## 11. 猛暑日にリズム体操を行う場所

【場面】

　急に暑くなった6月初旬、室内か戸外でリズム体操を行うか
を迷ったときの判断場面です。

【課題・問題点】

　近年、夏の暑さは、暑さ指数※)基準により戸外に出ること
も危険であると判断され、室内での保育が展開されることが多
くなっています。

【改善点・工夫】

　室内での運動あそびで、身体活動量を確保せざるを得ない状
況が多くみられます。室内と戸外で行った場合、同じリズム体
操であっても戸外で行った場合の方が、歩数が多く計測されま
す。下記のように、気象条件や実施時間を調整しながら、リズ

温度調節のできる室内で体操を行う

暑さが和らいだ、帰りの時間前に体操を行う

ム体操を行う場所や時間を判断したいものです。

※）：暑さ指数＝熱中症を予防することを目的として、1954 年にアメリカで
　提案された指標

**文献**

1)　G.シュナーベル，綿引勝美（訳）：動作学 ― スポーツ運動学，新体育社，
　1991.
2)　文部科学省：幼稚園教育要領，2019.

（岡みゆき）

Q：夏、登園後のことですが、暑さ指数が 31℃ を超えているので、戸外に出て遊んではいけないと言われたそうです。その日は、子どもが楽しみしていたプールの日だったのですが、プールにも入れなかったそうです。「水あそびもダメ」って、どうしてですか？

A：暑さ指数とは、人体の熱収支に影響の大きい湿度、輻射熱、気温の３つを取り入れた指数のことです。その値は、気温とは異なります。労働環境や運動時における、熱中症予防の目安として世界中で使われています。保育現場では、保育中の事故を懸念し、暑さ指数 28℃ 以上を厳重注意（激しい運動は中止）、暑さ指数 31℃ 以上では運動を中止、空調の利いた室内で待機としています。水あそびであっても、直接、日差しに当たるような戸外での活動は、中止することになっています。

表1　暑さ指数と運動指針

| 気温 | 暑さ指数（WBGT） | 指針 |
|---|---|---|
| 35℃ 以上 | 31℃ 以上 | 運動は原則中止 |
| 31 ～ 35℃ | 28 ～ 31℃ | 厳重警戒（激しい運動は中止） |
| 28 ～ 31℃ | 25 ～ 28℃ | 警戒（積極的に休息） |
| 24 ～ 28℃ | 21 ～ 25℃ | 注意（積極的に水分補給） |
| 24℃ 未満 | 21℃ 未満 | ほぼ安全（適宜水分補給） |

【公財　日本スポーツ協会：スポーツ活動中の熱中症予防ガイドブック，2019．より】

（岡みゆき）

Q：リズム体操の良い点を、教えてください。

A：
・リズム体操は、比較的狭い場所で、比較的多い人数の子ど
もたちを、同時に、同じ量の身体活動量を確保させること
ができます。音楽を使用することで、子どもは、高揚感を
もち、楽しく運動してもらえます。普段の生活にない動き
や変わったリズムパターンの動き、運動強度の高い動き等
を取り入れて行うと、身体活動量だけでなく、多様な動き
の獲得に効果的です。リズム感を養うことも、表現力もつ
けることもできます。

・リズム体操についての知的理解として、ドイツの運動学者
シュナーベル[1]（1991）は、リズム能力について伴奏音楽
に併せながら美的な表現をするような種目だけではなく、
どのスポーツ動作でも、それを習得するときに、この能力
があれば運動学習はうまく進む、リズムを使った指導法は
効果的であると述べています。スポーツ種目、それぞれに
独自性のリズムがあり、リズムを感じ取る能力や、動くタ
イミングを上手につかむリズム化能力を、神経系の発達が
著しい幼児期につけてもらうことが必要です。

・文部科学省「幼稚園教育要領」[2]において、リズム体操は
領域「健康」と「表現」で扱われており、身体表現やリズ
ム表現、リズムあそびを行うことが、子どもの健康、心身
の育ちにも重要であると述べられています。小学校教育要
領「体育」低学年の内容でも、「表現リズムあそび」が単元
に含まれており、身近な動物や乗り物などの題材の特徴を
とらえて、そのものになりきって全身の動きで表現したり、
軽快なリズムの音楽に乗って踊ったりすることとされてい

ます。

・日本の伝承あそびや手あそびには、体幹を使った大きな表現が少ないと言われます。現代的なリズム表現として、BPM<sup>※)</sup> テンポの速い曲やアニメソング等の軽快な曲を使い、大きな動きを加えたリズム体操を創作し、運動あそびに加えるとよい効果が期待されます。

・音楽を使ったリズム体操は、幼児が楽しみながら行うことができることもあり、保育現場で活用すれば、体力・運動能力の向上にもつながると考えられます。

※）：BPM ＝ ♩ 1 分間あたりに刻む拍（Beat）の数を示す単位

（岡みゆき）

# 第3章　地域社会での体育活動の留意事項

　「社会体育」とは、学校体育以外の体育の総称として使用され、主として体育行政の範囲で行われます。一般的に地域社会や家庭などで行う体育[1]を指します。ここでは、1. 市民を対象とした体育活動と、2. 保育園や幼稚園での課外体育活動について、留意事項をまとめます。

## 1. 市民を対象とした体育活動の留意事項

### （1）活動形態

　主催は、おおむね行政・各種法人・任意団体などの各種団体が多いです。そのため、活動場所としては、主に公共施設（公園・運動場・体育館など）が利用されます。参加対象は、多くの市民向け（異年齢であることが多い）であることが多く、内容はレクリエーション活動や競技活動など、幅広いです。

　参加費用は、一部公費で賄うこともありますが、原則として受益者負担が多いです。指導者は、行政の嘱託職員であるスポーツ推進委員（旧、体育指導委員）や該当資格をもつ地域の

指導者などです。

## （2）イベントの種類

　ウォーキングや散策の会、スポーツ大会や運動会、運動あそび教室、ダンスやスポーツ教室・レクリエーション大会などがあります。

## （3）留意事項

### ①事前準備の留意点

・イベント計画時、会場の選定や確保の難しさが考えられます。行政との協催や後援名義使用を検討して計画を進めていきましょう。

・スポーツ安全保険や民間のレクリエーション保険への加入をおすすめします。

・危機対策マニュアルを作成し、不慮の事故やケガ、天災に備えておきます。

・参加者の安全な動線を確保し、異年齢の参加者に対応します。幼児の参加がある時は、子どもが思ってもみない行動をとることがありますので、特に注意を要します。

・指導者や補助者の人数は、参加人数とイベント内容により、決定しましょう。おおむね参加者数の1割を目安にするとよいです。

・公共の道路を使用するときは、交差点や横断歩道に補助者を配置し、参加者の安全を確保します。

・屋外でのイベントでは、トイレの位置を確認し、参加者に知らせます。

・施設の食事可能な場所の確認も行いましょう。

・食事を提供する時は、季節や天候、使用する用具の消毒、携わる者の手洗いやうがい等、食中毒を出さないように細心の注意を払いましょう。

・イベントに対し、助成金や補助金を受けられる場合があります。

・収支予算書を作成し、金銭管理も怠ってはなりません。

・参加費の徴収方法を決めます。できるだけ、当日、現金を扱わなくてもよいようにすると、処理がスムーズです。

・役割分担を行います。それぞれの担当者と全体を統括する担当者を決めておくと、進行がスムーズです。

②活動中の留意点

・受付にて、参加者の動向を把握し、各担当者に伝えておきます。

・活動の初めから終わりまでのシミュレーションを、事前に、必要な分だけ行っておきます。当日、突発的に問題が発生することがしばしばありますので、準備を十分にしておき、対応できるようにしておきましょう。

## 2. 保育園や幼稚園の課外体育活動の留意事項（クラス運営で留意すること）

### （1）　活動形態

　主催は、幼児体育指導員派遣会社です。活動場所は、保育園や幼稚園の施設が多いです。

　参加者は、在園幼児や近隣に在住する幼少児が中心です。費用は、入会金や月謝があり、受益者負担です。指導者は、各種目や専門分野の知識や技術をもった主催会社の社員が行います。

### （2）　課外体育活動の内容

　各種スポーツやレクリエーション活動、ダンス等のクラスがあります。

### （3）　活動中の留意事項
　・トイレと水分補給

　クラスが始まる前に、必ず、トイレを促します。クラス中の集中力を高めるため、また、一定の時間、がまんできるように指導しましょう。好きな時に勝手にトイレを使用し、ほしい時に、思うがままに水分補給する習慣がつかないよう、適切な時間を見計らって、指導者は時間を取り、指導者の指示を聞いてから、行うように指導します。

・時間を守る

　クラスの開始時刻と終了時刻は、厳守しましょう。指導者が、時間を守る、約束事をおざなりにしない等、けじめある態度を子どもたちに見せて教えることで、時間を守ることの大切さを学びます。

・挨拶や礼儀を大切にする

　指導者は、将来、子どもたちが美しい立ち居振る舞いができるよう、起立・礼などの良い見本を見せます。指導者は、常に美しい姿勢を心がけます。また、子どもたちを尊重する態度で接し、礼儀や思いやりの態度とはどのようなものか、態度で示すようにしましょう。

・無断で欠席した子どもの保護者に連絡する

　クラスの開始時刻に、保護者から連絡なく欠席している子どもがいたら、できるだけ早く、保護者に連絡し、欠席か、行方不明になっていないかを確認します。

・子どもの様子がおかしい時

　クラスの内容に参加したがらない、眠そうにしている、ふざけて指導者の指示を聞かない等、いつもと違う様子が見られた時や逸脱する行為が見られる時は、子どもに気持ちを聞いたり、保護者や園の先生に相談したりして、放置しないようにします。取り立てて問題が見つからない時は、指導内容や、時間設定を見直したり、コミュニケーションの取り方を変えたりしてみます。

・子どもと大人の心とからだを、量的な違いだけで捉えない
　ようにする

　子どもは、心身ともに大人のミニチュア版でないことを、指導者は十分理解しなければなりません。大人がするような鍛練的な練習は、子どもにとっては決しておもしろいことではありません。繰り返しをさせるときは、目的やねらいをもって行いましょう。そのねらいも、複数内容を伝えるのではなく、できるだけ単純でわかりやすい内容にとどめて伝えます。

　また、子どものからだは、大人のように関節や筋肉が十分に発達しておらず、未熟です。からだの一部分に、負荷がかかりすぎることは避けましょう。

・成果発表の時

　発表会を行うためには、子どもに合った指導計画を作成し、発表会の当日、子ども自身が自分の力で、自信をもって取り組めるまでに仕上げることが大切です。発表会までにあまり時間がない、取り組みが遅くなった場合は、子どもへの課題を調整し、当日に備えましょう。

・クラスが終わったら

　クラス終了後は、適切な服装に着替えさせ、手洗いやうがいを促します。保護者が迎えに来ている場合は、当日のクラスの内容を説明し、子どもたちの様子を伝えます。

1)　ブリタニカ国際大百科事典　小項目事典：https://kotobank.jp/word/
　　%E7%A4%BE%E4%BC%9A%E4%BD%93%E8%82%B2-75635（2019年

11月13日確認).

（藤田倫子）

## 3.　幼児における中国武術指導上の留意事項

### （1）　幼児武術の目的

　中国武術の歩型5種類とは、「馬歩(まぼ)」・「弓歩(きゅうぼ)」・「仆歩(ぶぼ)」・「虚歩(きょぼ)」・「歇歩(けいぼ)」で、手型が「拳(けん)」・「掌(しょう)」・「勾手(こうしゅ)」の3種類です。

　中国武術で主に育つものは、敏捷性、柔軟性、瞬発力、巧緻性などの体力のほか、協調性や空間認知力などです。また、「動感」（運動の感覚）的な攻防意識は、潜在意識を育て、将来でもほかの競技スポーツの土台を築くことができます。

### （2）　場所の留意事項

　武術指導に対しては、活動場所の調整、安全点検、安全上の約束事の徹底などによって、事故を未然に防ぐことが求められます。

　武術の指導をする前に、もし室内で指導する場合は、室内施設のマットや壁などに、障害物や危険物がないよう排除しておくことが求められます。また、畳を使用する場合は、運動の際に隙間が生じないように、畳のずれを防止することが大切です。

　一方、屋外や公園で指導する場合は、石の多いところではジャンプや走る等の運動を控えることも必要です。

## （3）基本動作の留意事項

　幼児の発達には、個人差や性差があることを考慮します。武術の指導において、同じ強度となる運動課題を与えるときには、それぞれの幼児にとって、無理をさせないよう、また、個人差を理解して、慎重に実施する。一方、幼児の骨格は柔らかいため、長時間の静止支持は適しません。そして、幼児の武術練習の中心は、基本動作の理解や呼吸の調和、興味を育てることです。その考えのもとに、幼児の武術ゲームと融合させていくと指導効果が良いです。

①馬歩

　足を肩幅か、それより広く開いた状態でモモの表が平らになるくらいしゃがんだ姿勢を言います。

②弓歩

　前足の膝が曲がり、前の膝はつま先の直上まで前進し、足の左右幅は拗歩では肩幅、両足とも膝はつま先と同じ方向に向けます。

### ③仆歩

つま先を中心にカカトを外へ向ける、足を横へ開く、両足の裏は地面につけます。

### ④虚歩

前足のつま先をちょんと付いて、後ろの高いイスに腰掛けたような歩型です。

### ⑤歇歩

左足を右足後ろに通って交叉し、左足かかとを浮かし、左膝を地面につけないでカカトに座ります。

コラム②

### 点字ブロックの役割を知ろう

　11月中旬、小春日和の日、野外活動の帰路と思われます。電車を待つ幼児体育指導者と子どもたちの様子です。指導者がプラットホームに子どもたちを座らせています。白線よりは内側で待機していますが、点字ブロックの上に、指導者も子どもも座り込んでいます。この指導者の会社名が入ったビブスを子どもたち全員が着用しています。点字ブロックは、視覚障がい者の方の道（動線）です。点字ブロック上に座り込んで道をふさがないことが、利用者の方への配慮です。

　園所内での運動あそび指導だけでなく、子どもたちに自然を体験してもらう活動は大切だと思います。近年、文部科学省も「体験の風をおこそう」と体験活動を呼びかけています。野外活動では、往路帰路も含め、社会的に大切なことを子どもたちに教える機会であります。幼児体育指導員は、運動指導についての知見だけではなく、社会規範やルールも教えていけるようになってほしいと感じました。　　　　　　　　　　　（岡みゆき）

点字ブロック

# 第4章　幼児体育の指導者養成講習時の留意事項

## 1．受講者の留意事項

### （1）知的財産の取り扱いについて

　最近、スマートフォンの動画撮影機能や写真機能が良くなり、講習の教材資料やパワーポイントを写真に収める受講者が増えています。これまでの講習会や研修会では、ほとんど見られなかった光景です。写真や動画の撮影許可が出る講習会でも、撮影した内容が知的財産であることや個人情報であることから、筆記により内容を書きとめておくことをお勧めします。インスタグラムやフェイスブック、ライン等、SNSへの投稿や他人への提供を控えてもらいたいという講師の先生もいらっしゃいますので、会のルールを作り、遵守していきましょう。

### （2）講習中の飲食について

　これまでは、飲み物や食べ物を机上に置いて講習を受ける光景は、講習の妨げになったり、講師に対する礼儀を欠いたりす

るために見受けられませんでしたが、気候の変化による体調管理が考慮されるようになってからは、制限が緩やかになってきました。

　講師として、講習に携わる立場としては、講習中の飲食はあまり気持ちの良い光景ではありません。講習内容や状況によっても違いますが、講習中の飲食は控えるようにしてもらいたいものです。講義に集中できなかったり、他の受講者の迷惑になったりする場合がありますので、気をつけてください。

## （3）携帯電話・スマートフォン・パソコンの活用について

　最近、学校の授業中でもパソコンやタブレットを用いた講義がありますが、すべての局面で許されることではありません。講師から許可があったとき以外は、それらを机上に出さず、カバンの中にしまっておきましょう。あらぬ疑いをかけられたり、受講時の集中の妨げになったりすることもあるので、気をつけましょう。

## 2. 講師の留意事項

## （1）講義時間を守りましょう

　定められた講習時間を守りましょう。時間の延長は、受講者の集中力をそぐことになりますし、短い場合は、有効な指導ができていないというネガティブな評価にもつながります。そして、その後の予定にさらなる調整が必要になり、講習会運営に

支障をきたすことになります。

## （2）　内容は、簡潔にわかりやすくまとめましょう

　受講生の実態を、事前にできる限り把握し、その年代や特徴に沿った内容やレベルの選定をしましょう。

## （3）　正しい言葉遣いで、抑揚をつけて話しましょう

　正しい言葉遣いで話すようにしましょう。また、早口になったり、一本調子になったりせず、どのように話すと受講生の印象に残りやすいかを考えて話しましょう。

## （4）　引用や出展を明確に示しましょう

　講義内容の教材研究において、引用や出展を確認し、著作権を侵害することのないようにしましょう。また、写真やデータを使用するときは、個人情報の漏洩や倫理から逸脱することがないよう、取り扱いには、十分に注意を払うことが求められます。

## 3.　運営面の留意事項

## （1）　講師の選定

　講師の選定は、できるだけ運営側が該当講師の講義を事前に聞いてから行うとよいでしょう。また、事前に講師と打ち合わせをし、講師とコミュニケーションをとることで、講師の性格や雰囲気を把握できます。また、講義の内容について、事前に

話をしておくと、受講者にニーズのある内容や具体的な課題を伝えることをしてもらえ、講師も気持ちよく講義をすることができます。

## （2）　会場の確保

　受講人数や講習内容に合った会場の確保をしましょう。公共施設は、おおむね決まった期間でしか予約できません。講習場所の選定をするときは、施設に連絡し、予約方法や借用料を確認しましょう。また、実際に出向いて、受講生の動線を確認したり、広さや設備・備品・機材の確認、安全対策（方法）を準備することが大切です。

## （3）　時間の設定

　時間の設定をするときには、講義の内容や質疑応答のための時間、受講者の集中力の保持時間などを加味して設定します。そして、設定した開始時刻や講義時間は、間違いのないように、講師や受講者に事前に連絡しましょう。

## （4）　受講者募集

　広報は、市報を活用したり、インターネットやSNSを活用したりして行うケースがあります。公共性の強い内容は、行政窓口と相談し、市報への掲載や、公共施設へのチラシの設置が効果的です。

（藤田倫子）

# 第5章　安全管理上の留意事項

## 1．ケガや事故防止のための留意事項

### （1）　子どもの周辺に潜む危険

　幼稚園・保育所内の建物や園具に関係した事故や災害は、多種多様にみられます。例えば、遊具での事故や用具での事故、転落、転倒や衝突、誤飲などです。幼児期の子どもは、危険なあそびを好んでしたがる時期でもあるので、指導者はそれに代わるものを与えたり、あそびを転換させたりして、災害を未然に防ぐように配慮することが必要です。保育室や遊戯室の机や椅子などの保管は適切に、破損部分は直ちに修理します。また、不要なものは片づけて、子どもたちが広いスペースで安全に遊べるようにすることや、子どものあそびに支障がないように、子どもたちの動線を考えて安全な場所に園具を置くことが大切です。また、子どもが触れてはならない園具については、子どもの目に触れない場所に置くようにしたり、ほかの場所に移せないものは、幼児にわかりやすく危険性を示す等の工夫や

指導したりすることが必要です。園具に関する事故は、安全管理が十分でないために発生することが多いので、室内の安全点検を常に実施して、安全の確保を図ることが重要です。

　子どもの周辺には危険が滞在しています。様々な事故や災害が、思いがけない形で一瞬にして起こります。幼児の事故の原因としては、①危険な場所、②危険なもの、③危険な遊び方などがあり、それらが相互に関連し合っています。

### 1）危険な場所

　子どもを取り巻く生活環境や自然環境などの危険のことです。例えば、暗すぎる、明るすぎる、狭すぎる、広すぎる、高すぎる、低すぎる、突き出ている、へこんでいる、長すぎる、短かすぎる、見えにくい、目立たない、簡略すぎる、複雑すぎる、障害物がある等です。

### 2）危険なもの

　危険なものの中には、子どもの心身の状態や子どもの服装などが含まれます。

### ①危険な心身の状態

　事故は、精神状態の不安定や身体的な欠陥によって起こります。精神状態の不安定とは、心配事がある、怒っている、あわてる、注意が散漫である、夢中になる、はしゃいでいる等です。身体的な欠陥とは、睡眠不足、疲労、病気、空腹などです。

### ②危険な服装

　装飾が多すぎる、肌を露出しすぎる、重量が重すぎる、脱ぎにくい、長すぎる、短かすぎる、厚すぎる、薄すぎる、被り物

が目や耳の働きを妨げる、履物の底が薄すぎる、高すぎる、履物が脱げやすい、脱ぎにくい、はだし等です。

### 3）　危険な遊び方

危険な遊び方とは、子どもが規則や約束ごとを守らない、自分の能力以上のことをしようとする、自分中心の行動をとる等、子どもの側に存在する各種の危険な行動のことです。例えば、無知、機能の未発達、仮想と現実の混同、無謀、冒険的、好奇心による悪戯、規則違反、技能の未熟、精神的幼稚さ、誤解、誤認、錯覚などです。

### （2）　危険と安全への気づき

子どもの事故や災害は、1日の大半を過ごす幼稚園や保育所で多発しているのが現状です。子どもの事故は、子どもの発育発達と密接な関係があるとともに、家庭においては過保護や過干渉など、生活環境や生活様式との関係も強く、子どもの発育発達状況と環境による事故原因が大きく関与しています。幼稚園や保育所では、年間 15,000 件以上の事故や災害が発生し、報告されています。子どもの事故は、年々増加傾向にあり、幼稚園や保育園における事故や災害は大きな問題となっています。

乳幼児期に事故が多発していることは、子どもの特性であり、年齢や四季によって事故の内容も異なって発生する傾向がみられます。幼稚園や保育所での事故発生状況をみますと、年少児ほど、身近な生活の場とその中での生活行動に関係した事

故が発生しています。また、年長児になると、生活圏が拡大され、それに伴った事故がみられるようになります。このような幼児期の事故の特性を踏まえて、幼稚園や保育所においては、安全教育と安全管理の徹底を図っていく必要があります。また、幼稚園や保育所での事故発生をみますと、不可抗力によって発生したものではなく、多くの事故は原因があって発生していることがわかります。だからこそ、大部分の事故は、事故の原因を早期に発見し、その危険を除去することによって防止することができるのです。

　乳児期の安全を確保するためには、周囲の指導者の保護と管理が必要であり、幼児期になると、年齢に合わせ、発達段階に応じた安全教育を子ども本人に指導することが大切になります。子どもの事故を防止するためには、幼稚園や保育所における安全教育の指導だけでなく、家庭からの安全教育も必要です。また、施設・設備の安全点検や、地震・火災・不審者侵入時の避難訓練などのほかに、登降園する子どもの居住区域内の危険箇所を知っておく等の関心をもって事故防止を図ることが必要になります。この点を考えると、幼児期から安全教育の指導を行って事故防止を図るとともに、生涯を通して安全な生活を送れるようにすることが重要です。そして、安全指導を積極的に展開するためには、組織的、計画的に安全指導の計画を綿密に立案し、徹底することが強く望まれます。

　安全管理方法としては、その他の安全管理面では、日常の安全点検を実施して、点検の結果、危険と思われた時には、直ち

に危険物の除去、施設・設備の修繕、危険箇所の明示、立ち入り禁止、使用禁止などの適切な措置が必要です。また、園で飼育する動物については、興奮したり噛みついたりしやすい動物がいたり、園で栽培する植物については、触れるとケガをしたり、かぶれる等、強い毒性をもった植物もありますので、それらは避けるというような指導が必要です。

　子どもたちが安全に生活していくためには、子どもたちを取り巻く大人が安全に対して共通意識をもつことが大切です。私たちが安全について指導をすることだけで、子どもを守ることは困難です。私たちとともに、家庭や地域、関係機関などが一体となり、それぞれの役割を果たし、お互いに協力し合うことにより、大きな成果をあげることができるのです。

　特に、私たち指導現場と家庭との機能的な協力体制を生み出すための共通理解と協力体制を確立することが重要になります。緊急時における情報提供、マニュアルづくり、指導者と子どもだけではなく、保護者も含めて事故災害に対する基礎知識を習得すること、避難訓練を実施し、緊急時に即応できるようにすることが重要です。

　非常時の指導としては、安全の確保、危険回避は、その局面において、指導者の関わりは多様です。子どもの安全をまず最優先で考え、何度も繰り返し、様々な場面や局面で伝え、学んでいくものです。子どもが負傷を負ってしまったり、危険や事故に遭遇したりしてからでは遅すぎます。日々の指導の中で、園外・所外活動をする時は、防犯や安全について学ぶ絶好の機

会でもあります。身支度をし、点呼をして人数を確認する、友だちと手をつなぎ、指導者の後について歩くといったことも、「今、何をしなければならないのか、これから何をするのか、どういう行動が求められているのか」といったことを見通し、考える重要なポイントになります。幼児自らが、危険を回避する能力、判断力を身につけることも大切です。

　防災訓練については、火災を想定したもの、自然災害（地震、水害など）を想定したもの、不審者の侵入を想定したものがあります。防災訓練は、定期的に繰り返し計画・実施することが大切です。地震を想定した防災訓練では、ガラスや窓のあるところから退避し、机の下に身を置くこと、「お・か（は）・し・も・な」（お…おさない、か…かけない、（は）…はしらない、し…しゃべらない、も…もどらない、な…なかない）を実践し、しっかりと指導者の指示に従い、迅速に行動することが重要です。

## （３）安全能力
　幼児の生活において、いつ、どこにいても、安全な生活が送れるようにするためには、次のような安全能力を幼児に授け与えることが必要です。
　①危険を早い時期に発見し、除去する。除去できないものについては、それを回避する能力
　②数種の危険が存在しても、それぞれを重なり合わせない能力

　③事故が生じた場合は、その事故を災害に至らさないように
　　する能力

　④災害が生じた場合は、それを最小限にくいとめる能力

　この安全能力は、①②を合わせて事故予測能力、③④を合わ
せて事故対処能力と言います。事故予知能力は、まだ事故が発
生しないうちに事故を予測して、事故を未然に防ぐ能力です。
事故対処能力は、事故が発生してから、それに立ち向かう能力
です。いずれも大切な安全能力ですが、事故が発生してから対
処する能力よりも、事故が発生する前に危険を回避する事故予
測能力を育てることに重点を置くべきです。

　そのためには、運動能力や体力を高めること、精神的な安
定を図ること、道徳、社会性を高めることが必要になります。
危険を予測して、それを回避することには、体力や運動能力が
大きく関わっています。目や耳などで危険を察知し、感覚器官
を通して、それを情報として知覚し、脳で判断して、危険を回
避するための運動を発現させる重要な役割を果たしているので
す。これらの一連の動作を体力・運動能力といい、年齢の発達
段階に応じて開発をしていくことが重要です。危険を予測し
て、危険を回避するために重要な体力・運動能力の要素として
は、敏捷性や柔軟性、瞬発性、運動協調能力などを挙げること
ができます。体力や運動能力を高めることによって、事故を防
止する安全能力を身につけることができるのです。

## （4）　園庭遊具、公園遊具の安全な使い方

　幼稚園や保育所では、園庭や運動場に関係した災害も多く発生しています。幼児期の心身の発達の特性をみますと、身体的な発達に伴って、活動が活発になり、活動範囲が広がり、挑戦的なあそびや冒険的なあそびを好むようになります。また、自己中心的で、衝動的な行動をとりやすいこと、あそびの技術が未熟なこと等によって事故が多発しています。園庭でのあそびは、自主性、自発性が発揮される大切な場面ですが、園庭でのあそびも間違えれば、友だちを傷つけてしまうような、思わぬ事故が発生します。子どもは、外に出ると開放的、活動的になります。園庭での事故事例をみますと、自己中心的、衝動的な行動が原因で事故が発生しています。園庭に関係した事故を防止するためには、日常のあそびの中で危険な行動について、機会をみて臨機応変に指導をすることが大切です。また、子ども一人ひとりの動きや情緒の傾向を把握し、その場に合った指導と保護を行い、自分で身を守る能力の低い子どもの安全を確保するとともに、子どもの安全能力を高めるようにすることも大切です。

　園庭遊具における安全を確保する方法としては、この時期の子どもは危険なあそびを好んでしたがる時期でもありますので、指導者はそれに代わるものを与えたり、あそびを転換させたりして災害を未然に防ぐように配慮することが必要です。幼児が広いスペースで安全に遊ぶことができるように、不必要なものは片づけ、幼児のあそびに支障がないように、幼児の動線

を考えて安全な場所に園庭遊具を設置する工夫も大切です。また、子どもの年齢によって使用できる園庭遊具については、子どもにわかりやすく説明をしたり、その危険性を示したりする等の工夫や指導が大切です。

　園庭遊具に関する事故では、安全管理が十分でないために発生することも多いので、安全点検を常に実施したり、破損部分は直ちに修理したりする等、安全の確保を図ることが重要です。

（森田陽子）

## 2. ケガや事故発生時の留意事項

　幼児は、下肢に比べて頭や上半身の割合が大きく、重心の位置が高いため、運動に伴って転倒しやすく、ケガも多くなります。保護者は、わが子がケガや病気をしないで成長してほしいと願っています。

　幼児体育の指導場面では、安全に活動できるような環境整備に努めるとともに、子どものケガに遭遇した時に、観察にもとづく適切な判断と処置ができるようになりましょう。

　一方、子どもはケガをして身体の痛みを感じることで、ケガをしないように注意して行動する必要性を学びます。幼児体育の場面では、幼児自身が、小さなケガをすることで大きなケガや事故を予防する智恵を身につけられるような対応を心がけます。

## （1）落ちついて対応しましょう

　幼児は苦痛や処置に対する恐怖心を抱き、精神状態が不安定になりやすいものです。指導者は、ケガをした本人にも、まわりの子どもに対しても、あわてないで、落ち着いた態度で対応し、信頼感を得るようにします。幼児の目線と同じ高さで、わかりやすい優しい言葉で話しかけて安心させ、適切な手当をしましょう。

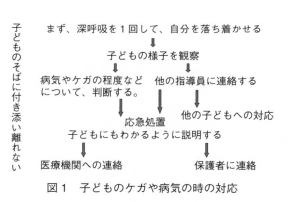

図1　子どものケガや病気の時の対応

## （2）ケガの手当て
### 1）外傷

　出血している場合は、傷口を清潔なガーゼかハンカチで押さえて強く圧迫します。ティッシュペーパーは、繊維が傷口に入り込んでしまうことがあるので避けましょう。

　出血部位を押さえるとき、血液は感染源となる病原菌を含んでいる場合があるので、素手で血液に触れないように注意しま

す。出血量が多い場合は、ディスポーザブルのビニール手袋を着用して出血部位を押さえます。処置が終了した後は必ず、流水と石鹸での手洗いをします。

　出血している部位は、心臓より高い位置にすると、止血しやすくなります。

　止血したら、傷口から汚れや細菌が入らないように、水道の流水で傷口を洗い、消毒薬の使用は最小限にします。消毒薬は細菌の力を弱めたり死滅させる作用があり、傷口から汚れや菌が侵入して感染を起さない目的で使います。一方、消毒薬は私たちの身体にも作用し、健康な皮膚細胞の力を弱めてしまいます。私たちのからだが本来もっている細胞を修復する力を最大限活かすためには、できるだけ消毒薬を使わないで、傷口の汚れや細菌を除去し、新たに細菌が侵入しない環境を作ることが大切です[1]。

　汚れや細菌を洗い流した後は、絆創膏を貼り、傷口からの細菌の侵入を防ぎます。ガーゼをあてると、傷口の傷を修復するために集まってくる、細胞修復因子を含んだ液体を吸い取ってしまいます。また、創面の乾燥（かさぶた）は、表皮細胞の働きを妨げるので、傷痕が残る要因になります。創面は絆創膏で覆っておくことで湿潤環境を保ち、細胞修復因子の働きを助け、早くきれいに治ります。

　傷が深い場合や釘やガラス等が刺さった場合は、皮膚の中に汚れやサビ、ガラス片などが残り、感染を引き起こすことがあるので、受傷直後は血液を押し出すようにして洗い流した後に、

外科を受診して治療を受けましょう。

### 2）鼻出血

　鼻翼のつけね（鼻根部）の鼻中隔側に毛細血管がたくさん集まっている場所（キーゼルバッハ部位）から出血している場合が多くあります。鼻出血のときは、鼻翼部を鼻中隔に向かって強く押さえると、キーゼルバッハ部位の血管を圧迫することができ、早く止血できます。

　血液が鼻から喉に流れ込んできたら、飲み込まずに吐き出すように説明します。飲み込んだ血液の量が多いと、胃にたまって吐き気を誘発します。また、飲み込んだ血液は便に交じって排泄されますが、胃から腸に進む間に、鉄分が酸化され、便の色が黒くなります。

　鼻出血時は、幼児を座らせて頸部を前屈させ、鼻血が前に落ちるようにして、ガーゼやハンカチ等で拭き取ります。口で息をするように説明し、鼻翼部を鼻中隔に向かって強く押さえます。10分くらい押さえると止血します。脱脂綿をタンポンとして詰める場合、奥まで入れすぎると取り出せなくなることがあるので気をつけます。

　一度出血した部分は血管が弱くなり、再出血しやくなっています。ぶつけたり指やつめ等で粘膜を傷つけたときだけでなく、興奮した場合や運動したときに突然出血することがあります。止血後、しばらくは激しい運動を避けることや鼻をかまないよう説明[2]します。

### 3）打撲・捻挫

　打撲とは、転倒や転落などによって強い衝撃を受けて痛みを感じたり、皮下の細胞や神経・血管が損傷したりした状態です。関節に強い外力や急激な運動によって組織が過伸展し、骨や関節周囲の靭帯や腱などが損傷を起こした場合は、突き指や捻挫になります。

　転倒や衝突などで強い痛みを訴えている場合は、下記の"RICE（ライス）"で処置します。

　R　（Rest）　　　　：安静にする
　I　（Ice）　　　　：氷や氷嚢で冷やす
　C　（Compress）　：圧迫固定する
　E　（Elevate）　　：痛がっている部位を（心臓より）挙上する

　つき指は手指の腱と骨の断裂です。引っ張らずに、痛みが最も少ない姿勢と指の位置を保ち、安静にします。流水または氷水で絞ったタオルをあてて、2〜4分おきにタオルを絞りなおして指を冷やします。痛みがひいてきて、腫れがひどくならないようなら、指に冷湿布を貼り、隣の指といっしょに包帯で巻いて固定します。その日の夕方までは、指を安静に保つよう説明します。指は軽く曲げたままで、指のカーブにそってガーゼやハンカチをたたんだものを当てて固定します。腫れが強くなったり、強い痛みが続いたりするときは、病院を受診します。

　手首や足首の捻挫は、骨をつないでいる靭帯の一部の断裂です。手首や足関節の痛みの場合は、座らせて、痛む部位を挙上

して損傷部への血流を減らします。氷水やアイスパックで冷や
すことにより、内出血を抑え、腫脹や疼痛を軽減させることが
できます。損傷した部位の関節を中心に包帯を巻いて固定し、
心臓より挙上した位置にして安静にして様子をみます。腫れが
ひどくなる場合や、痛みが強く、持続する場合には骨折の可能
性もあるので、整形外科を受診するようにすすめ[3]ます。

### 4）頭部の打撲や外傷

　頭皮には皮膚の表面近くまで多くの細い血管があり、小さ
な傷でも多くの出血が見られます。頭皮から出血しているとき
は、外傷時と同様に、清潔なガーゼかハンカチで傷口を覆い、
圧迫止血します。止血した後に、濡らしたタオルやガーゼ等で
傷口の汚れを除いてガーゼやハンカチを当てます。頭皮が腫れ
ている場合は、冷たい水で絞ったタオルや、氷水をビニールに
入れて冷やします。頭皮の損傷時は、頭蓋骨の骨折を合併して
いるときもあります。保護者に連絡して受診する手配をしま
す。

　転倒や転落時に頭をぶつけた直後に出血や腫れが無い場合
でも、注意深い観察が必要です。数時間後に顔色が悪い、吐き
気や嘔吐がある、体動が少なく、ボーッとして名前を呼んでも
反応がない、明らかな意識障害やけいれんをきたす場合など
は、頭蓋内の血管が切れて、血液が溜まり、脳を圧迫している
徴候が現れる場合があります。症状が現れた場合は、すぐに医
療機関（できたら脳神経外科）の受診が必要です。また、2〜
2日後に頭痛、吐き気、嘔吐、けいれん等の症状が現われる場

合があるので、保護者には、2〜3日は注意深く観察し、症状が発現したら医療機関を受診する必要があることを説明します。

### 5）熱中症の予防と対応

　体温は、体内の熱産生と体表面からの熱の放散とのバランスにより、一定範囲に維持されています。幼児は新陳代謝が盛んなため、大人より体温が高めです。また、年齢が小さいほど、体温調節機能が未熟なため、体温が環境温度に左右されやすいという特徴があります。

　長時間高温度の環境下にいると、体温の放散が十分できないため、体温が上昇してしまいます。また、運動により、体熱の産生が大きくなり、体温が上昇し、体熱の放散がおいつかないと、体温が上昇し、体温調節中枢の異常をきたし、熱中症になってしまいます。熱中症を予防するとともに、初期症状を見逃さずに早めに対応しましょう。

　①熱中症の予防

　運動により産生された体熱の放散を助けるために、肌着は、吸水性や通気性の良いものを着るように、また、汗を拭きとるタオルと着替えを持参するよう指導します。

　室内での運動時は、窓やドアを2箇所以上開けて、風が通りやすいようにします。屋外では、帽子を着用するよう指導し、休息時は日陰で休める場所を確保します。

　水筒を持参させて、運動前と運動中は、少量ずつ頻回に水分をとるように指導します。年齢が低い幼児ほど、休憩をこまめ

にとります。休憩時は、喉が渇いていなくても、1口でも水分をとるように指導します。水分は、麦茶、薄い塩分を含んだものが良いでしょう。市販のスポーツドリンクは、糖分が多く浸透圧が高いために、血液中の電解質のバランスを急激に変化させるので、子どもの場合は2倍に薄めたものを準備するよう指導します

②熱中症の初期症状と対応

発汗が多い、顔面が紅潮している、ボーっとしているときは、熱中症の初期症状です。急いで水分補給と体温の放散を助ける処置が必要です。

まず、風通しが良い木陰やクーラーのきいた部屋など、涼しい場所に移動します。衣服を緩め、横にしてうちわ等であおいで風を送る、氷や冷たい水でぬらしたタオルを顔や頭、手足に当てると気化熱が奪われるので、効率よく身体を冷やすことができます。意識がはっきりしていたら、0.1～0.2％の塩水やスポーツドリンクを2倍に薄めたもの等を飲ませます。身体に早く吸収できるよう、常温または、あまり冷たすぎない温度のものをすすめ [4] ます。

③進行した熱中症

発汗が止まり、身体の冷却ができなくなると、体温が上昇し、体温調節中枢に異常が起こり、脱水が進行します。皮膚は乾いて熱感があり、気分が悪くなって意識を消失します。

119番で救急車を要請し、上半身を高くした姿勢でからだを冷やします。衣服を脱がせて濡れたタオルで身体を拭く、衣

服の上からシャワーをかける等の方法で、できるだけ早くからだを冷やします。意識レベルや脈拍、呼吸を観察し、記録します。

**文献**

1)　夏井　睦：さらば消毒とガーゼ，春秋社，p.84，2006.

2)　山本保博・黒川　顯 監訳：アトラス応急処置マニュアル原書第9版（増補版），南江堂，p.125，2014.

2)　山本保博・黒川　顯 監訳：アトラス応急処置マニュアル原書第9版（増補版），南江堂，pp.140-141，2014.

4)　山本保博・黒川　顯 監訳：アトラス応急処置マニュアル原書第9版（増補版），南江堂，pp.192-192，2014.

（浅川和美）

## 3.　ケガをしたときの留意事項

### （1）　子どもがケガをしたときの保護者への対応

　できるかぎり受傷の部位を特定し、傷の大きさや深さ、腫れの状態を把握します。出血をしていたら、止血し、ぶつけた部位を冷やすと同時に、必要に応じて迅速に保護者へ連絡をします。

### 1）　病院へ行かずに様子をみる場合

　保護者にケガをした経過と現在の症状、幼児の様子を正確に伝えます。ケガの状態が悪化したり、子どもの様子が急変したりしたら、病院へ連れていく可能性のあることを伝えます。

### 2）　医者の受診が必要な場合

　上記の対応と同様に、かかりつけ医の確認をとります。かかりつけの病院がない場合は、指導者側で選定した病院へ引率をしても良いかを、保護者へ確認します。また、ケガの症状や幼児の様子によっては、保護者にも病院へ来てもらいましょう。受診後、医師からの診断結果や家庭での手当の方法、幼児の生活の仕方、治癒の見通しや薬の飲み方、塗布の仕方などを、できるだけ早く正確に保護者に伝えます。

　病院への受診後は、スポーツ振興センター（安全会）の説明や書類の作成、医療費の支払い、医者への保険証の提示方法などの事項を保護者へ丁寧に伝えます。どんなケースでも、保護者は子どものケガに対して敏感で、非常に心配します。そのような保護者の心情を受け止めながら、指導者は、幼児の現在の様子や症状を、保護者に的確に伝えることが大切です。

### 3）　病院を受診しない程度のケガの場合

　保護者へ引き渡す時に、子どもがケガをした経過と現在の症状、子どもの様子を正確に伝えます。できるかぎり、対象児の様子のわかる指導者が伝えた方が良いでしょう。

### （2）　治癒するまでの保護者への対応

　治癒するまでは、指導者全員で幼児のケガの状況について、情報を共有します。そのことが、今後のケガの防止策を検討することにつながり、なによりも、指導者全員でケガをした幼児自身の対応や保護者の的確な対応ができます。

　幼児が受傷した翌日は、担当の指導者が保護者から幼児のケガの状況と家庭での様子、薬の服薬方法や塗布の方法をきちんと聞いて、当日の指導方法を保護者と確認します。

　幼児がケガをした場合、事故報告書を書きます。幼児がケガをした経過報告とともに、保護者の様子もいっしょに記録しておきましょう。また、ケガをした当日の様子だけでなく、完治するまで、幼児のケガの治癒までの様子を正しく記録をしておきます。幼児のケガの症状も変わる場合もありますので、そういった場合でも、幼児の様子や経過を保護者や医師に伝える大切な記録となります。

### （3）　個人情報の諸注意

　病院を受診する際、幼児の身長や体重、住所、保険証番号などを医師へ伝える必要がでてくるので、そのような個人情報の取り扱いには、十分、気をつけましょう。さらに、受傷後、通院しなければならないケースもあります。その際に、保護者から保険証や診察券などを預かるケースもありますが、保護者からの受け取り方法や保管場所など、取り扱い方には十分に気をつけましょう。

### （4）　配慮が必要な幼児の保護者への対応

　あらかじめ、保護者と十分話し合って、配慮しなければならない内容を確認します。できるかぎり、その内容を文書にして保護者と再確認し、指導者全員に周知して、子どもへの配慮を

怠らないようにします。また、必要に応じて、医師の診断書や指示書を提出してもらいましょう。

## （5）　ケガの予防方法の伝え方と保護者との信頼関係について

　普段の指導や運動あそびをしていく中で、幼児に後遺症が残るような大ケガはさせてはいけません。しかし、幼児が自分でからだを動かして、転んだり、足を踏み外したりして、少々痛い思いをすることは、幼児が、次には痛い思いをしないように注意深く取り組んでみよう等の良い経験にもつながっていきます。

　幼児は、自らたくさんからだを動かして遊ぶことにより、空間認知能力を身につけ、徐々にまわりの物や人にぶつからないように避ける等、自然にからだを動かせる能力が高まることがわかっています。さらに、運動あそびをすることで、からだの筋力が身につき、平衡感覚を養い、転倒することが少なくなって、ケガをしないよう、からだを動かせるようになります。

　このように、継続して運動あそびをしていくことで、徐々にケガをしない体力や運動能力を習得することや丈夫なからだづくりにつながること等、運動あそびの有用性を保護者へ根気強く知らせていきます。

　また、普段から、幼児が頑張っている様子や運動あそびの取り組み内容を保護者へ積極的に伝えるとともに、幼児の成長や幼児自身の達成感などを保護者と共有していきましょう。そのような日々の積み重ねが、保護者との信頼関係へとつながっていきます。

（山梨みほ）

## 4. 災害時の留意事項

　日々の生活の中で砂あそびや水あそびをしたり、木立の中や砂利道を歩いたり、落ち葉や木の実を集めて遊んだりしながら、季節の変化を感じ、自然にふれて、自然に親しむことは、幼児の発達にとって大切なことです。しかしながら、自然には危険も伴い、地震・台風・豪雨などにより、時に大きな災害を引き起こすことを念頭に置きながら、指導にあたることが重要です。

　幼児が安全に生活し、健康や安全な生活に必要な習慣や態度を身につけます、つまり、幼児が、危険な場所や危険な遊び方を認識し、安全に気をつけて楽しく遊び、災害が起こった時の行動の仕方を身につけるよう、発達段階に応じた具体的な活動を通して指導していくことが大切です。

### （1）　災害が起こったときは

　指導者は、まず、幼児の安全確保と人数確認を行います。幼児に身を守る姿勢をとらせ、安心させるような言葉かけをし、安全な場所への避難誘導をします。

　①火災の場合は、火元の近くを通らない経路で建物から出て、煙の向きに注意しながら、園庭や付近の安全な場所へ避難します。

　②地震の場合は、大きな家具や窓ガラス等から離れ、落下物

や転倒物を避ける場所で待機し、室内ではドアを開放して避難経路を確保します。帽子やヘルメット、防災頭巾などを着用させ、揺れが収まったら、施設外へ避難します。

③津波が予想される場合は、すばやく高い所へ避難します。指示は、短く適切にすることが大切です。安全が確保されたら、保護者への連絡・引き渡しを行います。また、施設の安全点検を行います。その場にいるのが安全か、直ぐに避難するのか、避難する場合は、どこへ、どの道を通るのが安全か等の判断をしなければなりませんが、災害の状況によって異なりますので、それぞれの災害に応じた防災マニュアルを作成して訓練しておくことが必要です。

幼児にとっては、どのような行動が必要でしょうか。まず、危険な状態だと認識し、指導者を信頼して、指示や話を聞くこと。恐怖のために泣いてしまうのでなく、落ち着いて行動すること。避難が必要な場合、特に2歳以上は避難場所まで歩くこと。その際には安全のため、周囲の様子に気をつけながら並んで歩くこと。また、状況によっては、平坦でない道や倒木や倒壊物などを乗り越えて歩かねばならないこと等が想定されます。

## （2）　災害時に備えるために

安全に行動するためには、静かに話が聞ける・友だちと協力して行動できる・並んで遠くまで歩ける・平坦でない場所もバランスをとって歩いたり、乗り越えたりできる・狭いところをくぐったり、通り抜けたりできる等の体力や運動能力を身につ

けておくことが大切です。幼児には、訓練するのではなく、楽しく、自発的に取り組める日頃の運動あそびを通して、防災にも役立つ動きや力をつけることができるものと考えています。

　例えば、「鬼ごっこ」は、逃げる・追いかける等の動作から、スピードや瞬発力、敏捷性、持久力、移動系運動スキル（走る）等が、逃げる場所や方向性を考えたり、捕まえられたときの悔しさを味わったりすることで、判断力や集中力・忍耐力などが育ちます。助け鬼や増やし鬼では、思いやりや協力する態度も育ちます。トンネルくぐり、平均台渡り、鉄棒や雲梯ぶら下がり、玉入れやボール投げ等、4つの運動スキルを取り入れた、幼児が楽しく、夢中になって遊べる「サーキットあそび」は、個人の運動スキルを高めるだけでなく、ルールや順番を守る・安全に運動する・友だちと協力して準備や片づけをする・繰り返し何度も挑戦する等の活動を通して、心を育てる面でも効果的です。

　また、散歩に出かけるときには、周囲の安全に気をつけて並んで歩くだけでなく、時には避難場所まで行ったり、近くを通ったりするよう、散歩の行き先やコースを計画的に設定するとともに、指導者は、安全に歩ける道の確認や危険箇所の確認を行うことが大切です。

　　　　　　　　　　　　　　　　　　　　（國領美佐子）

# 第6章　公園での運動指導時の留意事項

## 1. 都市公園における固定遊具の設置基準

### （1）　都市公園における遊具の安全確保に関する指針（国土交通省）

　都市公園を管理する国土交通省では、「都市公園における遊具の安全確保に関する指針[1]」の中で、本指針の対象となる遊具の利用者は、幼児から小学生（おおむね3歳から12歳）を基準とし、幼児の利用については、保護者が同伴していることを前提とすると定められています。

### （2）　遊具の安全に関する基準 JPFA-SP-S：2014（日本公園施設業協会）

　固定遊具を製造・管理する団体が加盟する日本公園施設業協会では、「遊具の安全に関する基準 JPFA-SP-S：2014[2]」の中で、子どもがある程度、自立して遊ぶことができる年齢として、遊具の対象年齢を3歳から12歳と定めています。3〜6

歳を対象にした遊具には、幼児用（写真 1）の年齢表示があります。6 〜 12 歳を対象にした遊具には、児童用（写真 2）の年齢表示があります。なお、3 歳以下の幼児を対象とした遊具には、乳幼児用（写真 3）の年齢表示があります。

1 歳から 3 歳の幼児には大人が必ず付き添って下さい

3 歳から 6 歳の幼児には大人が必ず付き添って下さい

写真 1　1 〜 3 歳用
　　　　表示シール

写真 2　3 〜 6 歳用
　　　　表示シール

写真 3　6 〜 12 歳用
　　　　表示シール

【一般社団法人　日本公園施設業協会：安全利用表示、https://www.jpfa.or.jp/certification/anzen/】


　一方、1 歳児や 2 歳児も公園で遊ぶこともあり、特に、園庭をもたない保育所が、公園を園庭代わりに利用するケースも出てきています。このような背景から、日本公園施設業協会では、「遊具の安全に関する基準 JPFA-SP-S：2014[2] 別編 2：3 歳以下の乳幼児を対象とした遊具」を作成し、乳幼児の利用を対象とする遊具の安全確保に関する基本的な考えを示していますが、予防的観点から現時点で提案できる内容を取りまとめたものであり、検討すべき課題が多く残されているため、今後の

改善が望まれるところです。

　その一例として、複数の児童遊園に設置されている固定遊具をみると、1〜3歳向けと思われる固定遊具（写真4）でも、3〜6歳向けの表示があり、1〜3歳向けの固定遊具が設置されていない（写真5）ことがあります。規模の大きな都市公園では、乳幼児エリアとして、1〜3歳向けの固定遊具が設置されていることもありますが、住宅地の近隣にある児童遊園ではあまり設置されていない現状があります。

　公園の固定遊具を利用する場合は、指導者と幼児を1対1で見守ることができないため、原則、子どものみで利用しても十分安全と考えられる対象年齢用の固定遊具で遊ばせるようにしましょう。

写真4　固定遊具への年齢表示シール表示例

**写真5　対象年齢とあそび方の注意表示**

　対象年齢用の固定遊具が設置されていない場合でも、安全に遊ぶ方法もあります。固定遊具あそびで、多様な動きを経験させたい場合は、集団指導として1人ずつ順番に遊ばせるようにしましょう。その際、落下、衝突が考えられる個所に、補助者を配置し、すぐに助けに行ける位置で遊ばせるようにしましょう。

## （3）　日本公園施設業協会の安全利用表示

　固定遊具を安全に利用してもらうために、日本公園施設業協会では、安全な利用方法を知らせる「遊具安全利用表示」を設置（貼付）しています。この表示は、安全な遊具の利用方法を知らせたり、基本ルールや危険な行動の例を示したりして、事故を未然に防ごうとしています。

　「遊具安全利用表示」には５種類あり、「年齢表示シール」の
ほかには、「遊具個別注意シール」、「一般注意シール」、「遊具
種類別注意シール」、「あそび場安全サイン」があります。

　「遊具個別注意シール」（写真６）は、遊具で起きそうな事故
や危険な場所にシールを貼り、注意を促しています。

写真６　固定遊具への遊具個別注意シール表示例
【一般社団法人　日本公園施設業協会：安全利用表示、
https://www.jpfa.or.jp/certification/anzen/】

　「一般注意シール」（写真７）は、服装の注意点や、順番を守
ることや、上からものを投げないといった、固定遊具で遊ぶ一
般的な注意点を伝えています。
　「遊具種類別注意シール」（写真８）は、それぞれの固定遊具
で遊ぶときに、最も注意が必要と考えられる注意行動を３つ表
示しています。

**写真7　固定遊具への一般注意シール表示例**
【一般社団法人　日本公園施設業協会：安全利用表示、
https://www.jpfa.or.jp/certification/anzen/】

**写真8　固定遊具への遊具種類別注意シール表示例**
【一般社団法人　日本公園施設業協会：安全利用表示、
https://www.jpfa.or.jp/certification/anzen/】

　「あそび場安全サイン」（写真9）は、あそび場の対象年齢と、
10の約束が書かれています。遊び始める前に、まず読んで確
認することが大切です。また、消防・警察・施設管理者といっ
た緊急時の連絡先が記入されています。公園の中の名称も書い
てありますので、緊急時でも落ち着いて正確に行動することが
できます。

写真9　固定遊具へのあそび場安全サイン表示例

## 2. 固定遊具あそびにおける年齢別の留意事項

　固定遊具でのケガ発生状況について、独立行政法人日本スポーツ振興センターが災害共済給付の実態について、学校の管理下の災害[3]として報告しています。保育園、幼稚園、こども園別に、固定遊具での事故件数をみると、1〜3歳児と4〜6歳児で、事故やケガが起こりやすい固定遊具の特長があります。

### （1）　1歳児、2歳児、3歳児への留意事項

　1〜3歳児では、すべり台、砂場、総合遊具、ジャングルジムでのケガが多くなっています（図1）。低年齢向けの固定遊

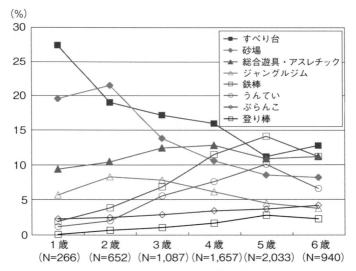

**図1　2017年度　遊具別負傷件数（保育所）**
【日本スポーツ振興センター：学校の管理下の災害
（平成30年版）のデータを元に筆者が作成】

具でも、高さがあるものでは、落下・転落の危険があります。
砂場では、砂が目や耳・口に入ったり、スコップで叩いたりす
ることに対する注意が必要です。


## （2）4歳児、5歳児、6歳児への留意事項

　4～6歳児では、すべり台、総合遊具、鉄棒、うんていでの
ケガが多くなっています。鉄棒やうんていでのケガが増えてく
るのは、4歳児頃から、鉄棒やうんていで遊ぶ機会が増えるこ
とにより、ケガが増えてくると予想されます。一方、砂場での

ケガは、少なくなってきます。

　幼児の場合は、低年齢児ほど、頭が重く、重心の位置が高いため、ちょっとしたことでバランスを崩しやすくなります。高所で、一人にすることは避けましょう。

　すべり台や総合遊具を登るときは、指導（保育）者が後ろや下からすぐに支えられるようにして、安全に十分な配慮をしましょう。

## 3. 固定遊具の安全基準

### （1）　年齢区分定義

　日本公園施設業協会が定めた遊具の安全に関する規準[2]（JPFA-SP-S：2014）では、おおむね1～3歳の幼児、おおむね3～6歳の幼児、6～12歳の小学生と区分しています。ここでは、その3つの区分を、それぞれ1～3歳幼児、3～6歳幼児、児童と表記します。なお、1～3歳幼児と3～6歳幼児は、保護者の監視の元での利用を想定して、安全に関する規準が定められています。

### （2）　固定遊具の対象年齢

　日本の都市公園では、固定遊具の対象年齢を3～12歳とされています。このため、1～3歳児用の「年齢制限エリア」を設けている一部の都市公園を除き、設置されている固定遊具は、3～12歳向けの固定遊具であることがほとんどです。

## （3）落下高さ

　落下高さについて、転落による重度の傷害あるいは恒久的な障害を最小限とするため、地面からの最大値について、1～3歳児用では90cm、3～6歳児用では2m、児童用では3mとされています（図2）。しかしながら、この数値は、あくまで最大値であり、この高さからの落下を許容するものではないため、高い位置に幼児がいる場合は、注意が必要です。特に、1～3歳児用では90cmが規準となっていますが、年齢表示シールがない固定遊具の場合、わかりにくいのが現状です。判断する目安として、大人の腰の位置がおよそ90 cm未満ですので、1～3歳幼児はそれより低い固定遊具で遊ばせると安全性が高まります。

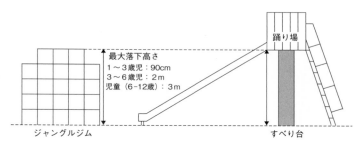

**図2　落下高さの計測位置**
【「一般社団法人　日本公園施設業協会：遊具の安全に関する規準 JPFA-SP-S：2014」をもとに筆者作成】

## （4）　階段の設計

　固定遊具にある遊び要素ではなく、純粋に上部への昇降目的の登行部の階段にも安全上の規準が設けられています。階段の蹴上げと奥行きについては、1～3歳児用では、蹴上げ15cm以下、奥行き17cm以上とされています（図3）。3～6歳児用では、蹴上げ22cm以下、奥行き17cm以上、児童用では、蹴上げ30.5cm以下、奥行き17cm以上となっています。

　前のめりにバランスの崩しやすい1～3歳児用では、降りることも考慮した階段の場合は、左右の足が前後にずれていても両足が踏み板から外れにくく、バランスを崩しにくいように、奥行き23cm以上と定めています。

　なお、階段での高低差について、1～3歳児用では、高低差が20cmを超える場合は、からだを支え安定させるために、手すりを設けなければならないとされています。1～3歳児用と

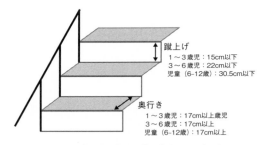

図3　階段の蹴上げ・奥行きの概念
【「一般社団法人　日本公園施設業協会：遊具の安全に関する規準 JPFA-SP-S：2014」をもとに筆者作成】

児童用では、高低差が 60cm を超える場合は、手すりを設ける規準となっています。

　階段からの転落事故を防ぐためには、この規準を理解して、幼児の年齢に応じた設計になっているかを確認することが重要です。


## （5）　安全領域の範囲

　安全領域とは、遊具の安全な利用行動に必要とされる空間で、子どもが固定遊具から落下したり、飛び出したりした場合に到達すると想定される範囲のことです（図4）。

　安全領域の最小値は、落下高さにより区分されており、落下高さが 60cm 以下の場合は、1 〜 3 歳児用では 120cm、3 〜 6 歳児用と児童用では 150cm の安全領域が必要とされています。落下高さが 60cm を超える場合は、1 〜 3 歳児用では 150cm、3 〜 6 歳児用と児童用では 180cm と、より広範囲の安全領域が必要です。

　なお、安全領域内の地面は、固定遊具からの落下高さに見

| | 安全領域の最小値 | |
|---|---|---|
| | 落下高さ 60cm以下 | 落下高さ 60cm超 |
| 1〜3歳児 | 120cm | 150cm |
| 3〜6歳児 | 150cm | 180cm |
| 児　童 | 150cm | 180cm |

図4　安全領域の範囲の概念
【「一般社団法人　日本公園施設業協会：遊具の安全に関する規準 JPFA-SP-S:2014」をもとに筆者作成】

写真 10　ゴム製チップによる地面

合った衝撃吸収性能を有する素材を選定し、敷設することが望ましいとされています。今は、土の地面ではなく、ゴムチップの地面となっている公園も増えてきています（写真 10）。

## 4. 潜在的な危険の除去

　公園でのケガや事故は、ひとつの大きな危険要因で生じることもありますが、多くの場合は、一つひとつは小さな潜在危険が複数重なり合うことで、ケガや事故が生じることがあります。このため、些細なことでも、一つひとつ安全対策を講じておくことが重要です。

### （1）　子どもの行動

　子どもは、大人が思いもよらない行動をとります。階段を登っていて急に立ち止まったり、降りてきたりします。すべり台で前の子どもが立ち止まったことに気づかず、続けて登っていた子どもが、前の子どもとぶつかり、転落する事故も起きて

います。また、ボールあそびをしていて、固定遊具で遊びたく
なったが、ボールを取られたくなくて、ボールを持ったまま、
すべり台に登ってしまうと、手すりに摑まるのが片手になり、
バランスを崩すと落下の危険性が高まりますので、ボールは置
いて遊ぶように指導しましょう。

### （2）　子どもの服装・持ち物

　子どもの服装や持ち物の約束を守ること 4) で、ケガや事故
を防ぐことができます。例えば、園から帰る途中に公園で遊ぶ
こともあります。その際、カバンは置いて遊ぶようにしましょ
う。また、冬は、寒さからマフラーやひも付き手袋をしている
ことがあります。カバンやマフラーが引っかかり、首が締まっ
てしまう危険性や、ひも付き手袋のひもが引っかかり、両手が
動かなくなってしまう危険性があります。くつもしっかりはい
て、途中で脱げないように遊び始める前に確認しましょう。特
に、夏の時期にサンダルのまま遊ぶことは危険ですので、かか
とがある運動靴がよいでしょう。

## 5.　季節別の留意事項

### （1）　真夏の場合

　近年の日本では、日中に 35 度以上になることも珍しくなく
なりました。幼児は、身長が低いため、直射日光だけでなく、
地面からの反射熱の影響も受けやすくなります。当日の天気予

報や気象台や自治体からの情報を集め、公園に出かけるかどう
かを、慎重に判断しましょう。

　また、公園の固定遊具で遊ぶ場合も、金属製の固定遊具の場
合、日光で熱せられ、やけどをする危険性があります。固定遊
具に、注意喚起の表示がされている（写真11）場合もありま
すが、表示がない場合もありますので、幼児を遊ばせる前に、
指導者が直接触り、固定遊具の状態を確認するようにしましょ
う。

　また、少し動くだけでもたくさん汗をかきますので、こまめ
に水分補給（写真12）することも重要です。

　公園を選ぶ場合も、近隣の建物で日陰になっている公園や、
公園内の樹木で日陰ができている公園（写真13）を選ぶと、
時間帯によっては真夏でも遊ぶことができます。また、固定遊
具が日影になっていない（写真14）と、暑くて遊べなくなる
だけでなく、固定遊具の劣化が進みやすくなります。劣化した
遊具は、ケガや事故の原因にもなりますので、注意が必要です。


## （2）　真冬の場合

　日本の冬は、北西から風が吹く特徴があります。風速が1m
／秒強まると、体感温度が1度下がる[5]とされています。冬
でも元気に遊ぶためには、北側や北西側が建物や壁でおおわれ
ている公園や、北側や北西側に樹木や植栽がある公園を選ぶ
と、風を遮ることができます。

写真 11　高温時のやけど注
　　　　　意表示

写真 12　水分補給

写真 13　固定遊具が日影になっている公園

日差しや風雨による劣化

写真14　固定遊具が日影になっていない公園

## 6. 公園内環境の留意事項

　公園内には、固定遊具だけでなく、草花や樹木、土・砂・石などの自然があります。これらの自然も、あそび道具になりえます。しかし、公園は、みんなで使う公共施設であるため、自然のままの形態を保全する必要があります。きれいだからといって、花を採ったり、枝を折ったりすることがないように、幼児に理解させましょう。

　また、落ちている枝を振り回して、目や耳を傷つけると大きな事故につながりますので、尖ったものや長いものを手で持つ

前に、言葉かけを行いましょう。

　公園の固定遊具の近くに植栽がある場合は、選定されていないと、固定遊具のところまで枝葉が伸びてきて、目や耳に入ったり、刺さったりして危険ですので、使用を中止し、すぐに管理者に連絡しましょう。

　加えて、公園は誰でも利用できますので、公園内に空き缶や空き瓶が捨ててあることがあります。つまずいたり、踏んで転んだり、足を切ったりする可能性があり、危険です。公園内で遊び始める前に、指導者が、ケガの危険性のあるものが落ちていないかを、事前に確認しましょう。また、アルコール飲料の

写真 15　空き缶が落ちている広場

空き缶が落ちている（写真 15）こともありますので、安全な
環境を保つためにも、公園管理者は、夜間の見回りや飲酒者へ
の注意などを行うようにすることも必要です。

**文献**

1)　国土交通省：都市公園における遊具の安全確保に関する指針（改訂第 2
　　版），pp.1-4，2014.

2)　日本公園施設業協会：遊具の安全に関する規準 JPFA-SP-S：2014，
　　pp.1-192，2014.

3)　日本スポーツ振興センター：学校管理下の災害（平成 30 年版），pp.1-
　　252，2018.

4)　日本幼児体育学会　前橋　明：幼児体育 理論編，大学教育出版，
　　pp.230-231，2017.

5)　荒川秀俊：氣候と生活，山海堂，p.39，1949.

（宮本雄司）

# 第7章　安全環境への配慮と指導上の留意事項

## 1.　安全環境への配慮

### （1）　園庭・運動場における安全の確保

　幼児期の心身の発達の特性をみると、身体的な発達に伴って、活動が活発になり、活動範囲も広がり、挑戦的なあそびや冒険的なあそびを好むようになります。また、自己中心的で、衝動的な行動をとりやすいこと、あそびの技術が未熟なことなどによって事故が多発しています。園庭でのあそびは、自主性、自発性が発揮される大切な場面ですが、間違えれば友だちを傷つけたり、思わぬ事故が発生したりします。子どもたちは外に出ると開放的、活動的になります。園庭での事故事例をみますと、自己中心的、衝動的な行動が原因で事故が発生しています。園庭に関係した事故を防止するためには、日常のあそびの中で危険な行動について機会をみて臨機応変に指導をすることが大切です。また、子ども一人ひとりの動き、情緒の傾向を把握し、その場に合った指導と保護を行い、自分で身を守る能

力の低い幼児の安全を確保するとともに、幼児の安全能力を高めるようにすることが大切です。

## （2）　運動中の注意

・運動中、興奮しすぎていると危険が生じやすいので、一度気持ちを静めることが大切です。

・個々の幼児の健康状態や疲労度を観察し、運動量や内容の調整をすることが大切です。

・疲れてくると、注意散漫になったり、事故が起きやすくなったりするので、途中に休憩などを入れながら活動をさせましょう。

・運動することに慣れてくると、大胆な行動や危険な行動が出がちになるので注意しましょう。

・日常の活動が大胆な子や、注意が散漫になりやすい子には適時言葉がけをしましょう。

・年齢が異なる幼児がいっしょにあそんでいるときは、衝突することも予想できるので衝突しやすい場所には保育者が立ち、注意を促しましょう。

## （3）　動線への配慮

幼児の動く動線を考えると、特有の動きや危険と思われる行動があります。

運動場面ではスピードが加わると急に止まることができないことや、遊具特有の動きに対応ができないことから、ケガ、

事故につながりやすいので、環境設定や注意を促すことが必要
になります。年齢により注意するポイントは異なります。また、
活動によっても異なります。

## 2.　指導上の留意点

　幼児期の運動体験や身体活動では、「楽しかった」「できた」
「恥ずかしい」「できなかった」「痛い」など、多様な経験を積
んでいきます。「うまくなった」「できるようになった」ことは、
嬉しいし、楽しいことに繋がります。その結果、自分の運動能
力に対して自信をもっていきます。

　一方、「できなかった」「苦しい」「痛い」など負の経験も存
在します。当然、誰にでも、できない運動や苦手な運動はある
ものです。中には、その思い出が嫌な記憶として残り、運動そ
のものを嫌いになってしまう場合もあります。幼児にとって
「できないこと」が運動を回避してしまう行動に繋がることも
ありますので、本来その運動を習得すべき最適な時期を逃すこ
とがないように注意する必要があります。そのために指導者は
幼児の発達段階をしっかり把握し、運動指導をするように心が
けることが重要です。

### （1）　行ってみたい、楽しいと思える教材を準備する

　幼児は元々じっと黙って静かにしているより動きたいとい
う欲求が大人より大きいので、一斉指導するときは、最初に指

導者の話を聞くという展開よりも、まず全身を使う運動を行ってからの方が、次の流れがスムーズな場合が多いものです。要は、自分の行ってみたいことを見つけて遊ぶことのできる環境を整え、思いきり身体を動かして運動量を確保する展開が大切です。

## （2）　発育・発達に沿った系統性のある教材を工夫します

　運動刺激において必要となってくる動作や技術には簡単なものから、より複雑なものまでの系統性があります。やさしいものから難しいものへ段階指導することが必要です。また、グループでのあそびは少人数から行ってみましょう。

## （3）　わかりやすい、イメージしやすい言葉かけをする

　「もっと○○しよう」とか「○○の時に○○しよう」とか「○○のように足を動かそう」などのような具体的で分かりやすい言葉がけが必要です。運動は、具体的な目印などがあると全力を出しやすいものです。遠くに跳ぶときには、「赤い線まで跳んでみよう」や、高く跳ぶ時には「青いボールに届くように跳んでみよう」などと具体的な目標を示す方が分かりやすいです。

## （4）　結果にこだわらない褒める言葉かけをする

　個に応じた能力や経験を十分に配慮して、幼児に関わることが大切です。できたことへの賞賛はもちろん、できない子、自

信の持てない子へは指導者がいっしょに動きながら良いところ
を認める言葉がけをしましょう。また、それまでの過程の中で
幼児の意欲や態度、時には勇気にも目を向け、言葉をかける姿
勢をもつようにしましょう

### （5）　安全への配慮をする

　初めての運動を試みるときには、どの子も最初は緊張するの
で、指導者が近くにいるだけで安心して活動に取り組めること
が多いものです。直接、手を添えなくても指導者の存在が心理
的な補助をしているといえます。特に運動が得意でない幼児に
は、最初は支えたり、体を保持したりして補助し、新しい運動
への感覚を体験させることが必要です。上手く出来るようにな
れば、補助を少なくし一人で取り組めるようにしましょう。安
全には十分な配慮が必要ですので、指導者はケガや事故などへ
の対処の仕方はもちろん、事前の予測やそれに伴う事前の準備
が必須となります。

（森田陽子）

トピックス

# スマホ世代の子どもとあそび

早稲田大学　人間科学学術院
教授・医学博士　前橋　明

## はじめに

「スマホ世代の子どもとあそび」と題して、お話をさせていただきます。

マスメディアの中心を担うテレビやテレビゲーム、高度情報化社会といわれる現代に、急激に普及してきたインターネット、そして、最重要メディアとなった携帯電話・スマートフォン等により、現代の子どもたちの置かれている情報環境は、驚くほど高度化・複雑化してきています。そして、メディア接触が長時間化するとともに、過剰なメディア接触が子どもたちに及ぼすネガティブな影響について危惧されるようになってきました。

子どもの環境が大きく変化してきたのは、テレビ・ビデオに加えて、最近では、携帯電話の普及、とりわけ、ここ10年足らずの間に登場したスマートフォンは、子どもたちの生活環境を、大きく変化させています。かつては、表情が乏しい、発語が遅れる等のサイレントベイビーの問題もあって、「テレビ

やビデオに子守をさせないようにしましょう」「見せる場合も、時間や見る番組を決めてみましょう」「見終わったら、スィッチを切りましょう」等と保護者に伝えてきたものですが、スマホとなると、いつでもどこでも、時間も場所も選ばず、子どもも手にすることができます。

　メディアの普及により、生活に潤いがもたらされている反面、架空の現実を提示するテレビやテレビゲームは、子どもたちの現実感を麻痺させ、インターネットはいじめや少年犯罪の温床にもなっているという報道をよく耳にします。また、過剰なメディア接触は、体力低下やコミュニケーション能力の低下を招く等、発達の過程にある子どもたちの成長を脅かすことにもなっているようです。

　そこで、子どもたちの生活実態や社会の様子をみつめて、2020年度に注目すべき「子どもたちが抱える健康管理上の問題点」を抽出し、問題の改善方法にアプローチしてみたいと思います。内容は、大きく4つのパートに分けて、お話をさせていただきます。

## Part 1　今、心配していること

　朝の始業前に、中学2年生に健康調査をしてみました。すると、中学生の一番多い、朝の訴えは、「眠い」と「あくびが出る」がともに63.6％ずつで、第1位でした。そして、「横になりたい」、「全身がだるい」と続きました。

「ねむい」、「あくびが出る」は、睡眠不足から発現する症状です。血液循環も悪く、脳も、朝から目覚めず、すっきりしていないのでしょう。10 人いると、そのうち、7 人程度はボーッとしているということです。これでは、学力を高めることはできません。

つづいて、いい若い者が、朝から「横になりたい」、「全身がだるい」を訴えるのです。つまり、体力レベルの低さが心配されます。あるいは、昨日の活動の負荷が強すぎて、一晩の睡眠では、回復できていないのでしょう。

次に、夜の街に目を向けると、キッズカラオケ無料とか、キッズスペース付き個室完備という看板が目につきます。夜の街が、親子を招いています。また、バギー車に、子どもたちが乗って、いろいろな所に運ばれています。夜型化した上に、体力低下や忍耐力の弱さが心配されます。今では、子どもだけでなく、動物までも、バギー車に乗せられて、また、服を着せられて、運ばれる散歩をしています。これでは、運動不足や自律神経失調症になるでしょう。沖縄の犬も、暑いのに、服を着せられています。体温調節のできるからだにはなっていきません。よく見てみますと、飼い主は、犬を見ていません。スマホを見ています。犬とのコミュニケーション不足も懸念されます。

中国に行ったときのことです。夜の広場で、電車を走らせる店が出ていました。電車に乗せられている子どもの表情は、とても暗いです。保護者を見ますと、親は、子どもを見ていませ

ん。みんな、スマホを見ているのです。体操教室の見学にも行きました。体操をしている子どもの様子より、保護者は、スマホを見ているのです。コミュニケーションが育まれるわけがありません。スマホ問題は、もはや、子どもの問題ではなく、親の問題と考えるべきでしょう。

## Part 2　今日の子どもの問題を探る

　子どもたちの生活時間相互の関連性をみてみましょう。今日の夜型化した生活は、いったい、どこから始まるのでしょうか？　何が原因になって、遅寝になっているのでしょうか？　わかったことは、幼児の場合、「長時間のテレビ視聴」と「午後の外あそび時間の短さ」「夕食開始時刻の遅れ」の３つでした。

### 1.　テレビ・ビデオ、スマホ等のメディア機器との付き合い

　生活習慣調査で、放課後、家に帰ってからのあそびについて尋ねた結果を見てみましょう。子どもたちは、いったい、何をして遊んでいるのでしょうか？

　ここ10年間、変化していない日本の子どもたちのあそびの第１位をお知らせします。幼稚園５歳児は、男児がテレビ・ビデオ、女児はお絵かき、小学校１年になると、男女ともテレビ・ビデオ、女子は、その後、小学生の間、テレビ・ビデオがずっと１位として続きます。男子は、小学校３年生から、テレビゲームが第１位となって、そのまま、中学校期も、テレビゲー

ムが第1位として継続していきます。

　テレビ・ビデオ視聴やテレビゲームは、家の中で行うからだ
を動かさない対物的な活動です。午後3〜5時は、せっかく体
温が高まっているのに、からだを十分に使って遊び込んでいな
いだけでなく、対人的なかかわりからの学びの機会も逸してい
ます。つまり、小学校から帰っても、幼稚園から帰っても、個
別に活動し、人とのつながりを十分にもたないで育っていく子
どもたちが、日本では、だんだん増えているのです。

　子どもとメディア環境への対応として、社会では、テレビ
やビデオ、テレビゲーム等にふれない日を作ろうという「ノー
テレビデー」、「ノーテレビチャレンジ」、一定期間、すべての
電子映像との接触を断ち、他の何かにチャレンジしようという
「アウトメディア」等の活動を通して、子どもの過剰なメディ
ア接触を断とうとする呼びかけもなされています。

　しかし、子どもをメディアから遠ざけようと、いろいろな提
案をされても、根本的な解決にはつながっていかない気がして
います。なぜかといいますと、子どもたちは正直ですから、好
きなもの、おもしろいものに向かっていくのです。いくら運動
や戸外あそびは、健康によくて体力づくりにもつながっていく
ので、行った方がよいと言っても、おもしろくなければしない
のです。心が動かなければ、したくないのです。実際、健康に
良く、奨励したいあそびや運動の魅力が、今の子どもたちには
伝えきれていないのかもしれません。大人の方が作戦を変更す
べきでしょう。子どもたちに、運動や戸外あそびを通して、心

が動く感動体験をもたせていないことを心配します。これでは、いつまでたっても、テレビ・ビデオの魅力には勝てません。

確かに、テレビやビデオを近くから見ていると、視力が悪くなります。「少し離れて見ようよ」という指導が必要です。ずっと、ながらで見せていると、メリハリやけじめがなくなります。だから、「見る番組を決めてみよう」「見終わったら、スイッチを切ろうね」等の家庭内のルールづくりも必要でしょう。テレビゲームに夢中になっていると、姿勢が悪くなり、脊柱側弯をはじめとする悪い姿勢が身につきます。「ちょっと休憩しようよ」「背筋を伸ばしてごらん」「体操をしよう」という大人からの言葉かけや体操の導入も必要です。要は、教育や大人からの気配りが必要と考えています。

でも、一つ厄介な問題があります。それは、日ごろから、外あそびよりも、テレビ・ビデオ、スマートフォン等のメディア機器の利用が多くなっていくと、活動場所の奥行きや人との距離感を認知する力が未熟となり、空間認知能力が育っていきません。だから、人とぶつかることが多くなるのです。ぶつかって転びそうになっても、日ごろから運動不足で、あごを引けず、保護動作が出ずに顔面から転んでしまうのです。やはり、実際の空間の中でのからだ動かしや運動が必要です。このままでは、日本の子どもたちの体力は高まらないし、空間の認知能力が育たないし、ぶつかってのケガや事故が多くなります。空間認知能力とは、自分のからだと自己を取り巻く空間について知り、からだと方向、位置関係（上下・左右・前後・高低など）

を理解する能力です。空間認知能力を高める運動は、ケンパや島渡り（前後、左右）、梯子またぎ（高低、浅さ・深さ）、トンネルくぐり（上下、左右、前後）、固定遊具あそび（上下・左右・前後・高低など）、ボールあそび等があります。

　また、スクリーン（平面画面）や一点を凝視するため、活動環境の奥行や位置関係、距離感を認知する力が未熟で、空間認知能力や安全能力が思うように育っていかなくなりました（スクリーン世代と、私は呼びます）。一方で、「運動をさせている」と言っても、幼いうちから一つのスポーツに特化して、多様な動きを経験させていないため、基本となる4つの運動スキルがバランスよく身についていない子どもたち（動きの偏り世代）の存在が懸念されます。

　子どもたちの余暇時間の費やし方をみますと、テレビ・ビデオ、スマートフォン、ゲーム機器を利用した静的なあそびが多くなって、心臓や肺臓、全身が強化されずに体力低下を引き起こしています（静的あそび世代）。

　テレビやビデオ、テレビゲーム、携帯電話・スマートフォン等の機器の利用に、生活の中で多くの時間を費やし、生活リズムを乱している子どもたちが増えてきた実態より、子どもたちに対し、幼児期から、それらを有効に、かつ、健康的に利用していく仕方を指導していくとともに、家庭での利用上のルールを定める必要性も感じています。

　①テレビに子どものお守りをさせない。

　②なんとなく、テレビをつける生活をやめる。テレビがつい

　ていない時間、人と関わる時間を増やす。

③見る番組を決めてみて、見終わったら、スイッチを切る。

④食事中は、努めてテレビを消す。

⑤子どもの起床時や帰宅時には、テレビがついていないよう
　にする。

⑥外のあそびに誘う。

⑦暴力番組や、光や音の刺激の強いものは避け、内容を選
　ぶ。

　便利な世の中になってきましたので、便利さにのめり込ま
ず、不便なことの中にも健康で楽しいものがいっぱいあること
も、忘れないでいただきたいのです。成長期には、メディアよ
りも、もっともっと楽しいことがある、人と関わる活動、実際
の空間を使った健康・体力づくりに寄与する「からだ動かし」
や「運動あそび」のすばらしさを、子どもたちに知らせて、感
動体験をもたせていくことが、今、私たち大人に求められる役
割なのではないかでしょうか。


## 2. 日中の運度奨励

　「今、子どもたちは、運動していますか？　動いています
か？」近年の子どもたちのあそびや運動量の実態と課題につい
て考えてみましょう。

　私は、子どもたちの生活の中で、運動量が激減してきてい
ることが気になっています。例えば、保育園の5歳児の歩数で

すが、午前9時から午後4時までの間に、昭和60〜62年は
だいたい1万2千歩ぐらいは動いていましたが、平成3年〜5
年になると、7千〜8千歩に減ってきました。そして、平成10
年〜今日まででは、だいたい5千歩台に突入し、昭和時代の半
分ほどの運動量に激減してきました。睡眠不足で動けない、朝
ごはんをしっかり食べていないので動けない、朝、家で、排便
を済ませていないので、しっかり動けないのです。それに、登
降園も車利用が多くなってきましたので、子どもの生活全体の
歩数が減ってきて、必要な運動量が不足しています。

　子どもたちの活動の様子を見ますと、丸太渡りや平均台歩行
時に足の指が浮いて自分のからだのバランスを保てず、落ちて
しまう子どもが観察されます。生活の中でしっかり歩いていれ
ば、考えられないことです。走っても、膝をしっかり上げるこ
とができないので、つま先を地面にこすって引っかけてしまう
のです。しかも、しっかり手が振れなくなっています。

## （1）　幼少年期の運動のあり方

　歩くことは「運動の基本」、走ることは「運動の主役」であ
る点をおさえ、もっと歩く・走る経験をしっかりもたせたいと
考えています。そして、生活の中で、支える、這う、逆さにな
る、転がる、まわるといった動きが少なくなってきていますの
で、幼児期から努めて支持感覚や逆さ感覚、回転感覚を育てて
いきたいものです。

## （2）　年齢に応じた運動のポイント

　運動は、体力づくりだけでなく、基礎代謝の向上や体温調節、あるいは脳・神経系の働き等、子どもたちが健康を保ち、成長していく上で、重要な役割を担っています。幼児、小学生、中学生へと進む中で、発育・発達上、それぞれの年代の特徴に応じた運動刺激のポイントがありますので、年代別に少し説明しておきます。

　幼児期は、脳や神経系の発育が旺盛ですから、そういうところに刺激を与えるような運動をさせてあげることが大切です。例えば、バランス感覚を養うためには平均台や丸太を渡ったり、片足立ちが効果的ですし、敏捷性をつけるには、すばやい動きで逃げたりする追いかけっこや鬼ごっこ等のあそびが効果的です。それから、巧緻性（器用さ）や空間認知能力をつけるには、ジャングルジムやトンネルを上手にくぐり抜けるあそびが良いでしょう。とにかく、子どもをしっかり持ち上げられる幼児期に、わが子と関わってしっかり親子体操をするのが一番理にかなっています。

　そして、子どもが幼児期の後半に入って体力がついてくると、朝に遊んだ分の疲れは、昼に給食を食べたら、もう回復します。ですから、午後にもう一度、あそびをしっかりさせて、夜に心地よく疲れて眠れるようなからだをつくることが必要です。このように、夜につなぐような運動が重要になる年代です。

　小学校の低学年になると、身のこなしが上手になってきま

すので、ドッジボールはとても良い運動です。運動する機会を
しっかりもたせて、からだづくりや体力づくりに励んでほしい
年代です。

　高学年になったら、だんだん技に磨きがかかる年代ですか
ら、ボールをうまくコントロールして投げたり、取ったりし
て、ゲーム的な運動ができるようになります。

　中学生になると、内臓諸器官を含めて、からだがしっかりで
きてきますので、持久的な活動ができるようになります。です
から、日中、ちょっと長い時間、運動することで、より強い筋
力をつけ、体力を向上させていける時期と言えます。

　それから、すべての年齢レベルで、それぞれの能力や体力に
応じて、家の手伝い（荷物を持ったり、清掃をしたり、野菜を
運んだり、配膳を手伝ったり等）をして、生活の中でもからだ
を動かす内容を努めて取り入れていくとよいでしょう。お手伝
いは、結構よい運動刺激になります。

## （3）　体力を向上させるポイント

　体力を増強させて健康を維持し、元気に活動するのに役立つ
のは、食事（栄養）と睡眠（休養）のほか、運動です。運動や
スポーツで、身体を適度に使うことが大切なのです。要は、栄
養・休養・運動の基本的生活習慣づくりです。そして、軽い運
動をすると、気分転換・疲労回復・家庭生活に寄与してくれる
レクリエーション効果が得られます。体力を高めようとすると、
運動負荷を高め、疲労感を得られるようにすることが大切です。

そこで得られる効果を、トレーニング効果と言います。でも、その疲労感は、一晩の睡眠で回復することが大切です。それよりも強度な運動負荷になると、子どもたちは過労になり、オーバートレーニングになっていきます。これはやりすぎということです。やがて、病気になっていくことが懸念されます。

　要は、一日の流れの中で、親ができることは、子どもが帰ってきて、寝て、起きて家を出るまでの「早寝早起きの習慣づくり」です。でも、ただ「寝なさい、寝なさい」って言っても、なかなか寝てくれません。それは、寝られるからだをつくっていないからです。夜、早く寝られるからだをつくるには、日中、太陽の出ている時間帯にしっかりからだと心を動かして心地良く疲れさせることが必要です。

## （4）　幼少年期の生活リズム

　いつ、運動したらよいかについて、考えてみましょう。太陽の出ているときがいいですね。中でも、とくに、体温の高まりがピークになる午後3時頃から、戸外で積極的にからだを動かせば、健康な生体リズムを維持できます。低年齢で、体力が弱い場合には、午前中にからだを動かすだけでも、夜、早めに眠れるようになりますが、体力がついてくる4歳、5歳以降は、朝の運動だけでは足りません。体温の高まるピーク時の運動を、ぜひ大切に考えて取り入れてください。午後4時前後の放課後の時間帯は、最も動きやすい時間帯（子どものあそびのゴールデンタイム）なのです。

## （5）　体温のリズム

　乳幼児期には、体温調節機能が未発達のために、外部環境の影響を受けて、体温は変動します。一般に、生後3日間ぐらいは、比較的高温の時期が見られ、漸次下降して、100日を過ぎると、およそ37℃から、それ以下となり、約120日ぐらいで安定します。そして、2歳頃より、生理的な日内変動が見られてきます。個人差はありますが、3歳頃になると、多くの子どもは体温調節がうまくなって、その後、集団での諸活動に入りやすくなるのです。

　さて、体温は、生体リズムにしたがって、1日のうちに、0.6～1.0℃の変動を示します。日常生活では、一般に午前2時～4時の夜中に最も低く、昼の午後3時～5時頃の午後に最高となる一定のサイクル（概日リズム）があります。このような日内変動は、ヒトが長い年月をかけて獲得した生体リズムの1つです。したがって、午後3時～午後5時頃は、最も動きやすい時間帯なのです。

　ところで、生活が遅寝・遅起きで夜型化している子どもの体温リズムは、普通の体温リズムから数時間後ろへずれ込んでいます。朝は、本来なら眠っているときの体温で起こされて活動を開始しなければならないため、からだが目覚めず、体温は低く、動きは鈍くなっているのです。逆に、夜になっても、体温が高いため、なかなか寝つけないという悪循環になっています。このズレた体温リズムを、もとにもどす有効な方法を2つ紹介しますと、「朝、太陽の陽光を浴びる」ことと、「日中に運

動をする」ことです。

　朝、起きて体温が低いということは、からだが起きている状態ではないということ、脳も覚醒していない状態で活動をしなければならないということです。したがって、いろいろな活動をしても、無気力でやる気が出ず、実際に覚えきれなかったり、やりきれなかったりするわけです。ウォーミングアップができていないということです。あわせて、運動が足りないと、体温は適切にコントロールされず、夜の眠りも浅くなります。就寝が遅く、短時間睡眠で、夜型の乱れた生活リズムをくり返して運動もしないでいると、幼児でもストレスがたまり、様々な身体的不調を訴え、頭痛、胃痛、下痢、不眠、発汗異常、便秘が生じてきます。現在、大人の夜型生活に引き込まれ、朝からだるさや疲れ、頭痛、腹痛を訴える子どもは増えてきています。

　人間は、「長い歴史の中で、昼に活動し、夜眠るという生活リズム」を形成し、自律神経においても、日中は交感神経がやや優位に緊張し、夜眠るときは副交感神経が緊張するというリズムをもっています。しかし、子どもの生活習慣とそのリズムが悪くなってくると、この自律神経の本来の働き方を無視することになります。自律神経は、内臓や血管、腺などに分布して、生命維持に必要な呼吸、循環、消化吸収、排泄などの機能を無意識のうちに自動調節してくれているのですが、生活のリズムが悪いと、反射的に行われているこれらの調節ができなくなるのです。

　また、ヒトが夜に眠り、朝に起きて活動を行うためには、ホ

ルモンの働きがしっかりしていなければなりません。夜中には、眠るための松果体ホルモン（メラトニン）が出され、朝には活動に備え、元気や意欲を引き出すホルモン（コルチゾールや$\beta$－エンドルフィン等）が分泌されなければ、眠ることや元気に活動することはできないのです。これらのホルモンの分泌時間のリズムや量が乱れると、脳の温度の調節もできず、時差ぼけと同じような症状を訴え、何をするにしても全く意欲がわかなくなります。健康な状態では、睡眠を促すメラトニンの分泌が、午前０時頃にピークとなり、脳内温度（深部体温）が低下します。ですから、神経細胞の休養が得られ、私たちは、良好な睡眠がとれるということです。

　しかし、睡眠と覚醒のリズムが乱れ、生体のリズムが崩れると、ホルモンの働きが悪くなり、眠るためのメラトニンや、元気や意欲を引き出すコルチゾールや$\beta$－エンドルフィンの分泌の時間帯が乱れて、体温調節ができなくなります。結果的に、夜間は脳の温度が下がらず、神経細胞の休養が不十分となり、睡眠時間は長くなっていきます。したがって、朝、起きられなかったり、いくら長く寝てもすっきりしなかったりするのです。当然、朝、起きることができないですから、午後になって、やっとコルチゾールや$\beta$－エンドルフィンが分泌されると、少し元気が出てくるというわけです。もちろん、能力としては極端に低下していますので、結果的には、疲れやすさや持久力低下、疲労感の訴えの高まり、集中力低下、ぼんやり、いらいら、無気力、不安、うつ状態、また、近年は、幼児期から

いろいろな種類のお稽古ごとが増え、脳が処理すべき情報量の増加とそれに反比例した睡眠時間の減少（睡眠不足）が、子どもたちの持続的な緊張状態をつくり上げているのです。これでは、幼児に、副交感神経の著明な機能不全が起こっても仕方がありません。脳のオーバーヒートとでも言いましょうか、日常生活をリズミカルに営む生体リズムを支える脳機能にマイナスの変化を生じ、時差ぼけのような症状が発現するのです。この状態が、さらに慢性化し、重症化すれば、睡眠は浅くなって疲労回復もできず、能力は極端に低下します。そして、将来、小学校・中学校・高校へと進む過程の中で、勉強に全く集中できず、何も頭に入らなくなり、日常生活も困難となって、家に閉じこもるようになっていきます。

　したがって、わが国の今日の重大な問題は、子どもたちの生体リズムの混乱に伴う生命力の低下なのです。生体のリズムの乱れを背景にして、自律神経機能の低下や障害、エネルギー代謝異常などが複雑に絡んで、子どもたちを活気のない状況に追いやっています。だからこそ、子どもたちの心とからだ、中でも、脳や自律神経機能を生き生きした状態にするため、子どもたちの健康生活にとって大切なことを再考していかねばならないのです。

## （6）　脳や自律神経を鍛える方法

　子どもたちの脳や自律神経がしっかり働くようにするためには、まずは、子どものとっての基本的な生活習慣（睡眠・食

事・運動の習慣）を、大人たちが大切にしていくことが基本です。

　中でも、自律神経の働きを、より高めていくためには、

①室内から戸外に出て、いろいろな環境温度に対する適応力や対応力をつけさせること、

②安全なあそび場で、必死に動いたり、対応したりする運動あそびをしっかり経験させること、つまり、安全ながらも架空の緊急事態の中で、必死感のある経験をさせること。具体的な運動例をあげるならば、鬼ごっこや転がしドッジボール等の必死に行う集団あそびが有効でしょう。

③運動（筋肉活動）を通して、血液循環が良くなって産熱をしたり（体温を上げる）、汗をかいて放熱したり（体温を下げる）して、体温調節機能を活性化させる取り組みが必要です。

## （7）　基本運動スキル

　基本運動スキルには、4つの運動スキルがあります。一つは、跳んだり、滑ったりして移動するタイプの運動スキル（移動系運動スキル）です。二つ目は、丸太渡りや平均台渡りのようにバランスをとる運動スキル（平衡系運動スキル）です。三つ目は、物を操作する運動スキル（操作系運動スキル）。四つ目は、鉄棒や雲梯にぶら下がって思いきり頑張るといった、からだを移動せずに行う運動スキル（非移動系運動スキル）であり、それら移動、平衡、操作、非移動の4つのタイプのスキル

学習のできる運動やあそび環境を意識した運動刺激が、今日の子どもたちの運動能力の向上には必要なのです。それらを準備した運動環境で、バランスのとれた運動スキルを、遊ぶ中で自然に身につけて、運動能力を高めていくことを可能にしていきます。

### （8）　今日の運動指導のあり方を考える：「テレビ・ビデオ・ゲーム」に負けない「運動あそび」の楽しさとその感動体験を味わわせよう

　幼少年期より、人と関わる運動の楽しさを、子どもたちに味わわせていかねばなりません。ただ、形だけ多様な運動経験をもたせる指導ではダメなのです。指導の一コマの思い出が、子どもたちの心の中に残る感動体験となるように、指導上の工夫と努力を重ねる必要があります。子どもたちから、「ああ、おもしろかった。もっとしたい」「明日も、また、してほしい」と、感動した反応が戻ってくる指導を心がけたいものです。動きを通して、子どもの心を動かす指導の必要性を痛切に感じています。

　動きを通して、子どもの心を動かすあそびや運動指導が必要なのです。「**運動、心動、感動**」です。

## 3. 夕食を早める知恵

　「外あそび時間が短かったり、テレビ視聴時間が長かったり、夕食開始時刻が遅かったりすると、就寝時刻が遅くなります。そして、就寝時刻が遅くなると、起床時刻が遅くなり、朝食開始時刻も遅れます。さらに、登園時刻も遅くなるという、生活リズム上の悪い連鎖を確認しました。

　要は、外あそびを奨励することと、テレビ視聴時間を短縮することの他に、調理時間の短縮や買い物の効率化などを工夫し、夕食の遅れを少しでも早めることが、子どもたちの生活リ

ズム整調の突破口と考えられます。とくに、夕食開始時刻の遅れは、就寝時刻の遅れの強い誘引となり、結果的に起床時刻や朝食の開始が遅れます。是非とも、夕食を早める工夫が望まれるところです。

## Part 3　生活リズム問題改善策

普段の生活で心がけることをお話します。

　一日の始まりには、からだをウォーミングアップさせてから、子どもを園や学校に送り出したいものです。早寝・早起きでリズムをつくって、起床とともに体温をだんだん上げていきます。朝ごはんを食べて体温を上げて、徒歩通園とか、早めに園や学校に行ってからだを動かして体温を上げます。こうして、ウォーミングアップができた状態（36.5℃）であれば、スムーズに保育活動や授業（集団あそびや勉強）に入っていけます。

　早寝、早起き、朝ごはん、そして、うんちを出してすっきりしてから、子どもを園や学校に送り出します。これが子どもの健康とからだづくりの面で、親御さんに心がけていただきたいポイントです。

　子どもの場合、学力や体力に関する問題解決のカギは、①毎日の食事と、②運動量、③交流体験にあると考えますので、まずは、朝食を食べさせて、人と関わる日中のあそびや運動体験をしっかりもたせたいのです。それが、子どもたちの心の中に残る感動体

験となるように、指導上の工夫と努力が求められます。

　心とからだの健康のためには、小学校低学年までは午後９時までに、高学年でも午後９時半までには寝かせてあげたいものです。とにかく、就寝時刻が遅いと、いろいろなネガティブな影響が出て、心配です。

　園や学校、地域において、ときが経つのを忘れてあそびに熱中できる環境を保障していくことで、子どもたちは安心して成長していけます。要は、①朝、食べること、②日中、動くこと、③心地よく疲れて、早く寝ること、が大切なのです。つまり、「食べて、動いて、よく寝よう！」なのです。**今、あなたがあきらめたら、子どもがダメになります。**

　生活を整え、体力を高めようと思うと、朝の光刺激と、何よりも日中の運動あそびでの切り込みは有効です。あきらめないで、問題改善の目標を一つに絞り、一つずつ改善に向けて取り組んでいきましょう。必ず良くなっていきます。「**一点突破、全面改善**」を合言葉に、がんばっていきましょう。

# Part 4　子どもの健全育成のためのポイント

　子どもを対象に、各種のあそびや活動、指導を通して、人間形成を図りたいです。つまり、子どもの全面的発達（身体的・社会的・知的・精神的・情緒的発達）をめざしたいと考えます。そこで、以下の幼少年期の健康を支える6領域に目を向けて気をつけることを知っていただきたいのです。

**①睡眠・休養**

　生活の基本となる睡眠は、睡眠時間の長さだけでなく、寝る時刻や起きる時刻も重要です。朝起きたときに、前日の疲れを残さずに、すっきり起きられているかがポイントです。

　・夜9時までには、寝る。

　・毎日、夜は10時間以上、寝る。

　・朝は、7時までには起きる。

　・朝、起きたときに、太陽の光をあびる。

　・朝、起きたときの様子は、元気な状態。

**②栄養・食事**

　食事は、健康で丈夫なからだづくりに欠かせないものであり、家族や友だちとの団らんは、心の栄養補給にもなります。毎日、おいしく食べられるように、心がけましょう。

　・朝ご飯は、毎日、食べる。

　・朝、うんちをする。

　・ごはんを、楽しく食べる。

・おやつを食べてから夕ごはんまでの間は、2時間ほど、あける。

・夜食は、食べない。

③活動

お手伝いやテレビの時間といった小さなことでも、習慣として積み重ねていくことで、その影響は無視できないものになります。

・歩いて通園（通学）する。

・外に出て、汗をかいて遊ぶ。

・からだを動かすお手伝いをする。

・テレビを見たり、ゲームをしたりする時間は、合わせて1時間までに抑える。

・夜は、お風呂に入って、ゆったりする。

④運動の基本

公園に行って、どのくらいのことができるのか、いっしょに遊んでみましょう。

・午前中に、外あそびをする。

・15〜17時くらいの時間帯に、外でしっかり遊ぶ。

・走ったり、跳んだり、ボールを投げたりを、バランスよく行う（移動系・操作系運動）。

・鉄棒や雲梯にぶら下がったり、台の上でバランスをとったりする（非移動系・平衡系運動）。

・園庭や公園の固定遊具で楽しく遊ぶ（空間認知能力）。

⑤発達バランス（身体的・社会的・知的・精神的・情緒的成長）

自分の身を守れる体力があるか、人と仲良くできるか、あそびを工夫できるか、最後までがんばる強さがあるか、がまんすることができるか等、チェックしてみましょう。

・転んだときに、あごを引き、手をついて、身をかばうことができる（身体的・安全能力）。

・友だちといっしょに関わって、なかよく遊ぶ（社会的）。

・あそび方を工夫して、楽しく遊ぶ（知的）。

・遊んだ後の片づけは、最後までできる（精神的）。

・人とぶつかっても、情緒のコントロールができる（情緒的）。

⑥親からの働きかけ・応援

・親子で運動して、汗かく機会をつくる。

・外（家のまわりや公園など）で遊ぶ機会を大切にする。

・車で移動するよりは、子どもと歩いて移動することを心がける。

・音楽に合わせての踊りや体操、手あそびにつき合う。

・1日に30分以上は、運動させる。

# おわりに

日本幼児体育学会　副会長

松原　敬子

（植草学園短期大学　教授）

　本書では、幼児体育のねらいを達成するために、指導上の様々な留意事項がまとめられています。実際に幼児へ運動を実践する場面においては、特に安全に配慮した指導計画は欠かせません。常に子どもの姿を把握し、子どもたちの運動あそびのバリエーションを膨らませていく指導上の工夫が必要とされます。そして、指導者には、目の前の子どもの「今」を読み取り、課題を適切に提供していくことが求められます。

　幼児体育に携わる私たちは、使命感をもって、子どもたちの健全育成に立ち向かっていくものです。幼児の健康における運動の重要性を認識し、幼児体育に携わる研究者や指導者、保育・教育関係者が協力し、理論的裏づけによる実践的な指導の普及や振興を図っていますが、今後、ますます健康の三大要素である「栄養・運動・休養」の関連性や重要性を伝えられる指導者の育成が求められていきます。まさしく日本幼児体育学会が展開している「食べて・動いて・よく寝よう！」の実践です。幼児体育の発展は、次代を担う子どもたちの未来につながって

います。

　一方、すでに保育・教育現場では、多様な子どもたちが共生して、集う場になっています。幼児期に子どもたちが何を経験し、他者にどのようにかかわり、思いを抱いたのか、さらに各々の現場の先生方が子どもたちにどのように働きかけたかが、子どもたちの成長に大きな影響を及ぼしていきます。身体活動は、すべての場面において「コミュニケーション力」が必要となります。自分自身はもちろんのこと、他者とのコミュニケーションや物的環境とのコミュニケーションも含まれます。ノンバーバルな世界では、言葉を通したコミュニケーションを苦手とする子どもたちにもわかりやすく、安全で心地よさを体感でき、コミュニケーションをからだで味わえるのです。身体活動で「コミュニケーション力」が養われていくと、自分自身のからだへの自信、他者との信頼関係、環境への適応力など、ソーシャルスキルが可能になり、「できなかったこと」が「できるようになった瞬間」を体感し、積み重ねていくことによって　自己肯定感が大いに育まれていきます。これらの力が「生きる力」につながり、「自立」への礎になるものです。子ども一人ひとりの違いを踏まえながら、ともに過ごし学び合うことの大切さ、そのために細やかな子どもへの見取りや配慮について考えるきっかけにもなれば、大変嬉しく思います。

　本書を手に取られた先生方が、子どもたちの心を動かす指導に向けて、大いにご活用いただき、ご指導の一助となれば幸いです。

# 執筆者紹介

## ■編著者

前橋　明　（まえはし　あきら）

　　所属：早稲田大学人間科学学術院

　　職名：教授

　　学会：国際幼児体育学会会長／日本幼児体育学会会長／インターナショ
　　　　　ナルすこやかキッズ支援ネットワーク代表／日本食育学術会議会
　　　　　頭／日本レジャー・レクリエーション学会会長

## ■編集監事

池谷仁志　（いけや　ひとし）

　　所属：さわだスポーツクラブ指導研究開発部長

　　学会：日本幼児体育学会理事・資格認定委員長

　　資格：幼児体育専門指導員

　　学位：日本体育大学　学士

藤田倫子　（ふじた　のりこ）

　　所属：新渡戸文化短期大学

　　職名：特任講師

　　学会：国際幼児体育学会常任理事／日本幼児体育学会理事／日本レ
　　　　　ジャー・レクリエーション常任理事

　　資格：幼児体育専門指導員

　　学位：大阪体育大学大学院　修士（体育学）

松原敬子　（まつはら　けいこ）

　　所属：植草学園短期大学

　　職名：教授

　　学会：国際幼児体育学会常任理事／日本幼児体育学会副会長

　　資格：幼児体育専門指導員

　　学位：千葉大学大学院　修士（教育学）

宮本雄司　（みやもと　ゆうじ）

　　所属：早稲田大学　人間科学学術院

　　職名：助手

　　資格：運動遊具の安全管理・安全指導スペシャリスト

　　学位：筑波大学大学院　修士（体育学）

## ■執筆者

浅川和美　（あさがわ　かずみ）

　　所属：山梨大学　大学院

　　職名：教授

　　学位：博士（医科学）

阿部玲子　（あべ　れいこ）

　　所属：日本幼児体育学会／早稲田大学大学院

　　資格：幼児体育専門指導員

　　学位：安田女子短期大学保育科卒（幼稚園教諭・保育士資格取得）

　　　　　早稲田大学人間科学部健康福祉科学科　学士（人間科学）

岡　みゆき　（おか　みゆき）

　　所属：大阪大谷大学

　　職名：准教授

　　資格：幼児体育専門指導員／リズム運動指導員資格

　　学位：兵庫教育大学大学院　教育学修士


郭　宏志　（かく　こうし）

　　所属：早稲田大学大学院

　　職名：博士課程　学生

　　資格：幼児体育（初級）指導員資格

　　学位：修士（体育学）


國領美佐子　（こくりょう　みさこ）

　　所属：学校法人成晃学院　正雀ひかり園

　　職名：園長

　　資格：保育士／小学校１種／中学校１種（保健体育）／高等学校２種（保
　　　　　健体育）／チャイルドカウンセラー／上級心理カウンセラー／幼
　　　　　児体育専門指導員／運動遊具の安全管理・安全指導スペシャリス
　　　　　ト／幼児のリズム運動指導員

　　学位：教育学士


佐野裕子　（さの　ひろこ）

　　所属：仙台白百合女子大学

　　職名：特任教授

　　資格：幼児体育専門指導員

　　学位：博士（児童学）

下﨑将一　（しもざき　しょういち）

　　所属：Sports Interface（スポーツインターフェイス）代表
　　資格：幼児体育専門指導員
　　学位：鹿児島大学　学士


永井伸人　（ながい　のぶひと）

　　所属：東京未来大学
　　職名：准教授
　　学会：国際幼児体育学会副理事長／日本幼児体育学会理事長
　　　　　日本レジャー・レクリエーション学会理事
　　資格：幼児体育専門指導員
　　学位：人間総合科学大学大学院人間総合科学研究科心身健康科学専攻
　　　　　修士（心身健康科学）


松尾貴司　（まつお　たかし）

　　所属：大阪市立大学大学院
　　職名：博士課程　学生
　　資格：幼児体育（初級）指導員資格
　　学位：修士（医科学）


森田陽子　（もりた　ようこ）

　　所属：日本女子体育大学
　　職名：教授
　　資格：運動遊具の安全管理・安全指導スペシャリスト
　　学位：聖徳大学大学院修士（児童学）

## 山梨みほ （やまなし　みほ）

所属：浦和大学

職名：准教授

資格：教育カウンセラー

学位：早稲田大学大学院修士（人間科学）

## ■ 編著者略歴

前橋　明　（まえはし　あきら）

早稲田大学人間科学学術院教授
学位：米国ミズーリー大学大学院　修士（教育学）
　　　岡山大学医学部　博士（医学）
教育実績（経歴）：倉敷市立短期大学教授、米国ミズーリー大学客員研究員、
　　米国バーモント大学客員教授、米国ノーウィッジ大学客員教授、米国セン
　　トマイケル大学客員教授、台湾：国立体育大学客員教授を経て、現職。
社会的活動：国際幼児体育学会 会長、インターナショナルすこやかキッズ
　　支援ネットワーク代表、日本幼児体育学会会長、日本食育学術会議会頭、
　　日本レジャー・レクリエーション学会会長、日本学術振興会科学研究費委
　　員会専門委員（2009.12 〜 2017.11）
主な著書：『健康福祉科学からの児童福祉論』（チャイルド本社）、『運動あそ
　　び指導百科』（ひかりのくに）、『生活リズム向上大作戦』（大学教育出版）、
　　『幼児体育 ― 理論と実践 ―』（日本幼児体育学会）、『輝く子どもの未来づ
　　くり』（明研図書）、『最新健康科学概論』『健康福祉学概論』（朝倉書店）、
　　『子どもにもママにも優しいふれあい体操』（かんき出版）、『公園遊具で子
　　どもの体力がグングンのびる』『0・1・2 さいのすこやかねんねのふわふ
　　わえほん』（講談社）、『3 歳からの今どき「外あそび」』（主婦の友社）、『保
　　育の運動あそび 450』（新星出版社）等

## 幼児体育指導ガイド3

2020 年 9 月 25 日　初版第 1 刷発行

■ 編 著 者 ─── 前橋　明
■ 発 行 者 ─── 佐藤　守
■ 発 行 所 ─── 株式会社 大学教育出版
　　　　　　　　〒 700-0953　岡山市南区西市 855-4
　　　　　　　　電話（086）244-1268　FAX（086）246-0294
■ 印刷製本 ─── モリモト印刷 ㈱

ISBN978 − 4 − 86692 − 085 − 6